GERIR COMO UM CIENTISTA

MARCIA ESTEVES AGOSTINHO, D.Sc.

GERIR COMO UM CIENTISTA

Os quatro princípios gerenciais das organizações adaptativas

MATRIX

© 2025 - Marcia Esteves Agostinho
Direitos em língua portuguesa para o Brasil:
Matrix Editora
www.matrixeditora.com.br
/MatrixEditora | /@matrixeditora | /matrixeditora | /matrixeditora

Diretor editorial
Paulo Tadeu

Capa, projeto gráfico e diagramação
Marcelo Córreia

Revisão
Adriana Wrege
Silvia Parollo

CIP-BRASIL - CATALOGAÇÃO NA PUBLICAÇÃO
SINDICATO NACIONAL DOS EDITORES DE LIVROS, RJ

Agostinho, Marcia Esteves
Gerir como um cientista / Marcia Esteves Agostinho. - 1. ed. - São Paulo: Matrix, 2025.
104 p.; 23 cm.

ISBN 978-65-5616-525-7

1. Administração. 2. Empreendedorismo. 3. Liderança. 4. Gestão organizacional.
I. Título.

24-94965		CDD: 658
		CDU: 658

Gabriela Faray Ferreira Lopes - Bibliotecária - CRB-7/6643

Sumário

1. OS COMPLEXOS DESAFIOS DA GESTÃO 9
    O mundo se tornou mesmo mais complexo? 10
    Do contexto taylorista à "modernidade reflexiva" 12
    Quando os recursos humanos se tornam gente 18
    Por que os métodos tradicionais nem sempre funcionam? 26

2. CIÊNCIAS DA COMPLEXIDADE E DA ADAPTAÇÃO 33
    A evolução da complexidade: auto-organização e emergência 37
    Modelização: conceituar para conhecer 41
    Sistemas complexos: conhecer para agir 45
    Para resolver problemas complexos 51
    A metodologia dos sistemas complexos 54

3. UM MODELO DE GESTÃO PELA AUTONOMIA 59
    Organizações adaptativas 60
    Autonomia nas organizações 61
    Cooperação e trabalho em equipe 63
    Criando competência de grupo 65
    Direção e auto-organização 67
    Um modo de gerir 69

4. COMO CIENTISTAS GEREM SEUS NEGÓCIOS: O CASO DA BIOTECNOLOGIA 77
    Biotecnologia: complexidade na ciência e nos negócios 78
    Modelos de formação de empresas de biotecnologia 80

Cientista: o ponto de convergência 83
Um modelo de gestão característico 86
Reflexões 90

5. AFINAL, CIÊNCIA PARA QUÊ? 95

GLOSSÁRIO 97

REFERÊNCIAS BIBLIOGRÁFICAS 101

A gestão é, acima de tudo, uma prática em que a arte,
a ciência e o ofício se misturam.

Henry Mintzberg

1
OS COMPLEXOS DESAFIOS DA GESTÃO

Complexidade[1] é, em geral, uma palavra assustadora, que nos desperta sentimentos de ameaça e impotência. Nesse sentido, parece óbvio que devamos nos preocupar com as coisas complexas. Afinal, são muitos os exemplos à nossa volta: crise econômica, metrópoles interrompidas pelo trânsito, pandemias, aquecimento global. Como lidar com tantos problemas de tamanha complexidade?

O desafio apresentado neste livro é o de refletir sobre formas de compreender – e quiçá resolver – coisas que não são simples nem mesmo complicadas. O foco aqui são os problemas *complexos*. Isto é, aqueles que emergem de inúmeras variáveis que interagem entre si em um contexto específico, em que as relações entre causa e efeito não são evidentes.

Vale ressaltar que, mais do que métodos e ferramentas para enfrentar esse tipo de problema, precisamos compreender os caminhos da própria complexidade. Como a ordem surge em contextos complexos? O que os fenômenos complexos têm em comum? Que oportunidades emergem de situações de alta complexidade? Enfim, estamos em busca de metodologias que orientem nossa ação e que nos permitam conviver com a complexidade, adaptando-nos a ambientes em constante mudança.

---

[1] **Complexidade** – relaciona-se à medida do grau de interdependência entre os componentes do sistema.

O mundo se tornou mesmo mais complexo?

É comum ouvirmos afirmações, principalmente entre as pessoas mais velhas, como: "O mundo está ficando cada dia mais complexo!". Será isso um sinal de saudosismo? Ou tal percepção está, de fato, correta?

Para responder a essa pergunta, convém encarar "o mundo" como um "sistema"[2] – ou seja, um todo organizado composto de elementos interdependentes. Mais ainda, o mundo em que vivemos – seja qual for a fronteira que estabeleçamos: a empresa, a economia, o Brasil ou o planeta Terra – apresenta as características de um "sistema complexo". Além de seus elementos serem interdependentes, eles são diferentes uns dos outros e se comunicam entre si influenciando-se mutuamente. Assim, em razão de seu vínculo por laços de *feedback*, o efeito do comportamento de cada parte retorna sobre si e sobre o sistema como um todo.

A retroalimentação de informações altera as relações causais, levando o sistema a exibir comportamentos *não lineares*[3]. Em outras palavras, os sistemas complexos se comportam de forma diferente do que seria esperado se apenas analisássemos as ações de seus elementos ou de suas partes. Daí encararmos com surpresa o que surge de sistemas complexos. Por que as ações despencaram de repente na Bolsa de Valores? Por que o engarrafamento, se não houve nenhum acidente ou bloqueio na estrada? Por que o vírus atingiu o mundo todo? Como o globo pode estar aquecendo, se o inverno tem sido tão rigoroso em algumas partes do mundo?

Sistemas complexos

- Grande número de partes interdependentes.
- Diferenciação interna.
- Comunicação que altera o comportamento das partes.
- Laços de *feedback*.
- Comportamento global não linear.

---

[2] **Sistema** – conjunto de elementos que se relacionam entre si e com o meio, exibindo uma certa coerência.
[3] **Sistemas complexos não lineares** – sistemas cujo comportamento global é qualitativamente diferente do comportamento das partes em razão das *interações* entre elas. Tais interações conferem efeito multiplicador, resultando em um comportamento para o todo que não pode ser representado por uma função linear – equação da reta –, mas sim por equações não lineares.

Ora, no mundo organizacional, as "partes" ou os elementos que mais nos interessam são os seres humanos. Estes, de fato, têm-se multiplicado com uma velocidade impressionante nas últimas décadas. Já ultrapassamos a marca de 8 bilhões de habitantes no planeta. Isso significa que hoje somos cinco vezes mais indivíduos do que éramos há um século. Tal aceleração no crescimento populacional justifica o uso da expressão "explosão demográfica". Nesse processo, nos tornamos também mais *interdependentes*.

Hoje, metade da população mundial vive nas áreas urbanas, tornando mais aguda a diferenciação de papéis e, portanto, a dependência mútua. Vamos pensar no pão, talvez o maior símbolo de subsistência do homem civilizado: quantas pessoas atualmente sabem fazê-lo? Quanto mais complexa se torna nossa vida, mais necessidades temos que não podem ser atendidas por nós mesmos individualmente. Dependemos do padeiro, do cabeleireiro, do médico, do técnico do provedor de internet. Enfim, nossas sociedades são hoje muito mais *diferenciadas internamente*. Suas partes são totalmente *interdependentes*, a ponto de as prestações não pagas do financiamento da casa de famílias nos Estados Unidos provocarem a demissão de milhares de funcionários de um fabricante de aviões no Brasil. Lembra da metáfora do "efeito borboleta"?

Outra razão pela qual presenciamos mais situações em que ações locais provocam impactos globais é a intensificação das comunicações que aumenta o número de *interconexões*, tanto materiais quanto virtuais. Além da explosão populacional, os séculos XX e XXI também foram palco para o surgimento de mídias até então inimagináveis. Junto com a imprensa, a navegação em longas distâncias marcou o nascimento da modernidade.

Eis que surge a aviação comercial, que amplia enormemente a escala de ação da navegação. Permitindo a volta ao mundo em menos de vinte e quatro horas, a aviação aproximou os continentes. Graças a ela, o turismo virou uma indústria, a indústria de bens colocou seus produtos nos nichos mais remotos, povos de regiões longínquas se encontraram e, assim, intensificou-se a troca de ideias, de genes, de bactérias e vírus, e mesmo de anticorpos (lembremos que foi por falta de anticorpos que populações indígenas foram dizimadas há quinhentos anos).

No mundo virtual, começamos com o cinema, o rádio, a televisão, até chegar à internet. A partir daí, as relações humanas – das comerciais às emocionais – tiveram seus fundamentos revistos. Novos significados são construídos, novas regras de conduta são experimentadas e costumes são testados. As democracias – e também as ditaduras – são desafiadas. Uma simples mensagem de WhatsApp pode mobilizar milhares de pessoas, nas mais diversas partes do mundo.

Este é ou não é um mundo complexo? Estamos preparados intelectualmente para viver nele? Nossas referências nos permitem orientar nossas ações de maneira eficaz? O que precisamos saber para resolver os novos problemas? Como atualizar a teoria e a prática da Administração para adaptar nossas empresas a esse novo ambiente?

Do contexto taylorista à "modernidade reflexiva"[4]

Frederick Taylor é considerado o fundador da Administração Científica. Sua influência é tão paradigmática na história da administração que o sistema de gestão proposto e praticado por ele ficou conhecido como "taylorismo". Na virada do século XIX para o XX, Taylor tinha como desafio melhorar a produtividade industrial e a eficiência econômica. Seu caminho foi a aplicação de princípios científicos na solução de problemas. Em uma época em que a produção era intensiva em mão de obra, sua abordagem significava aplicar o método científico no estudo do trabalho e prescrever a forma mais eficiente de executar tarefas manuais.

Taylor inovou ao empregar métodos de observação e análise utilizados por cientistas. Compartilhando a mesma racionalidade e a mesma lógica de trabalho de químicos e botânicos, ele revolucionou a gestão com seus *Princípios de administração científica*, livro publicado em 1911.

A ideia de que as tarefas poderiam ser objeto de estudo e de que, portanto, o processo de trabalho podia ser melhorado não era trivial. Taylor foi pioneiro ao sugerir que a análise e a melhoria do trabalho eram não só possíveis como eram função dos gerentes. Caberia a estes planejar o trabalho, treinar os operários e supervisioná-los para que

---

[4] **Modernidade reflexiva** – expressão proposta pelos sociólogos Ulrich Beck, Anthony Giddens e Scott Lash para se referir a essa fase avançada da modernidade em que a informação e o conhecimento são regularmente usados na organização e na transformação das circunstâncias da vida social.

executassem as tarefas da forma mais eficiente. Os trabalhadores, por sua vez, deveriam ser remunerados por desempenho. De acordo com a visão de Taylor, a grande motivação deles era o dinheiro. Assim, uma vez remunerados com um salário justo, os trabalhadores seriam mais produtivos.

Apesar dos impressionantes ganhos de eficiência e produtividade que a administração científica trouxe para a economia mundial do século passado, muitas são as críticas a seus princípios. A maior parte delas tem em comum o desconforto atual com a ideia de que deve haver uma separação entre quem decide e quem executa. Ao promover a visão de que haveria um único modo correto de realizar determinada tarefa, caberia apenas à liderança decidir que modo é esse. Afinal, supunha-se que apenas os líderes (supervisores, gerentes e *experts*) tivessem competência e conhecimento para tal julgamento. A centralização do planejamento e da tomada de decisão, característica do taylorismo, contradiz a percepção atual de que as organizações devem incentivar a responsabilidade individual e a participação nas decisões em todos os níveis hierárquicos.

Grande parte da crítica à administração científica refere-se também à premissa de que o ser humano é motivado somente por recompensas financeiras. Ao ignorar as demandas psicossociais dos indivíduos, esse paradigma gerencial colocaria os trabalhadores sob excessiva pressão, que, sob o risco de ser desumana, ainda comprometeria a produtividade da empresa.

O fato é que devemos lembrar que o contexto que serviu de base para as reflexões de Taylor difere consideravelmente do ambiente ao qual está exposta a maior parte das empresas contemporâneas. Quase um século e meio separa a entrada do engenheiro americano na Bethlehem Steel Works – empresa que viria a ser reorganizada segundo seus princípios – e o momento atual. Durante esse período, testemunhamos um intenso processo de complexificação, tanto tecnológica quanto socioeconômica, em um movimento de modernidade "simples" rumo ao que alguns sociólogos consideram uma "modernidade reflexiva"[5].

---

[5] Beck; Giddens; Lash, 1995.

Os avanços nos modos de comunicação permitiram não só a interligação de indivíduos distantes no espaço como também no tempo, através das gerações. Dessa forma, referindo-se à "modernidade", o sentido da palavra "reflexividade" ultrapassa a ideia de monitoramento reflexivo da ação – monitorar a si próprio. Agora essa palavra assume uma conotação de "reflexividade institucional", a qual representa "o uso regularizado de conhecimento sobre as circunstâncias da vida social como elemento constitutivo de sua organização e transformação"[6]. Não podemos separar nosso modo de vida contemporâneo das formas de mídia que moldam nossa experiência. A transição do tempo em que os jornais impressos dominavam para a realidade das redes sociais eletrônicas implica profunda adaptação das instituições.

Fruto, em grande parte, do crescimento econômico do último século, o aumento da parcela de indivíduos com educação superior e com maior habilidade para o processamento de informação tornou-se também um requisito para a eficiência das organizações. Muito já foi falado (e escrito) a respeito da importância do "capital intelectual" e da "gestão do conhecimento". Mesmo assim, é importante que as lideranças organizacionais reconheçam os laços de interdependência que as unem a esses indivíduos, para os quais, talvez, o simples termo "trabalhadores" não seja suficientemente adequado.

Mais ainda, é fundamental que os gestores compreendam esse tipo de indivíduo que emerge da "modernidade reflexiva". Para isso, vale notar que, "se modernização simples significa subjugação, então modernização reflexiva envolve o fortalecimento [*empowerment*] dos sujeitos"[7].

A prática gerencial só poderá se ajustar às novas condições a partir da consciência de que o contexto no qual a teoria da administração científica evoluiu é significativamente distinto da realidade contemporânea. Nas atuais circunstâncias, em que conhecimentos especializados são cada vez mais apropriados por leigos, um intenso fluxo de textos técnicos influencia e altera vários aspectos da vida social, em geral, e do trabalho, em particular. Portanto, é fundamental compreendermos quanto esse novo ambiente é marcado pela *reflexividade* e pela *complexidade*.

---

[6] Giddens, 2002, p. 26.
[7] Lash, 1995, p. 113.

Assim, é útil fazer um paralelo entre os contextos taylorista e moderno-reflexivo. Vale lembrar, então, que a experiência de Taylor na indústria mecânica – em uma época em que a modernidade simples estava em seu auge – colocava-o em uma realidade peculiar. Primeiro, os métodos de produção eram desenvolvidos empiricamente, com baixa orientação científica. Segundo, a mão de obra era proveniente de uma classe trabalhadora pouco escolarizada, da qual grande parte dos indivíduos era analfabeta. Finalmente, a eficiência produtiva era o principal fator de sucesso de uma organização, já que a demanda era, potencialmente, muito superior à capacidade de oferta.

Por outro lado, as organizações contemporâneas, em geral, constituem um sistema produtivo que durante décadas vem assimilando conhecimentos científicos em seus processos e implantando inovações tecnológicas. Tanto as grandes corporações quanto as empresas menores lançam mão de profissionais provenientes de uma classe média altamente escolarizada. Mais ainda, a pura eficiência deixou de ser garantia de sucesso. A integração em um único mercado mundial criou novos tipos de pressão sobre as organizações, tornando mais complexo o sentido da palavra competitividade.

Embora muito criticado atualmente, um dos princípios básicos do sistema de administração taylorista – o da separação entre concepção e execução das tarefas – justificava-se por, pelo menos, duas restrições a que a indústria dos séculos XIX e XX estava exposta.

A primeira restrição referia-se à *baixa disponibilidade de trabalhadores qualificados*. A indústria mecânica era, então, caracterizada pelo trabalho manual e pesado. Segundo observação do próprio Taylor, o homem mais apropriado para esse tipo de atividade "é tão bronco, que é incapaz de aperfeiçoar-se corretamente a si mesmo"[8]. Ademais, muitos dos operários nos Estados Unidos eram estrangeiros que não falavam inglês, além de não saberem ler nem escrever na própria língua. Por um lado, a indústria não atraía homens escolarizados, e, por outro, a classe trabalhadora da época não os tinha para oferecer.

---

[8] Taylor, 1992, p. 55.

> [...] praticamente em todas as artes mecânicas, a ciência que rege os atos do trabalhador é tão ampla e compreende tanta coisa que mesmo o operário mais habilitado a fazer no momento o trabalho é incapaz, ou por falta de instrução, ou por insuficiência mental, de entender esta ciência[9].

Taylor viu-se, então, obrigado a estabelecer o princípio de que o trabalho de cada operário seria completamente planejado pela direção. Somente assim seria possível lançar mão dos recursos da ciência – a qual viria a ser rapidamente convertida em força produtiva.

A segunda restrição estava relacionada à *falta de meios materiais para o planejamento no local de trabalho*. Taylor argumentava que:

> O trabalhador, ainda que bem habilitado na organização e uso dos dados científicos, estaria materialmente impossibilitado de trabalhar ao mesmo tempo na máquina e na mesa de planejamento. Está claro, então, na maioria dos casos, que um tipo de homem é necessário para planejar e outro diferente para executar o trabalho[10].

Os casos que Taylor apresenta em seu livro demonstram que os resultados alcançados compensavam o custo de uma estrutura administrativa mais pesada – em que "o único antigo contramestre é substituído por oito diferentes homens"[11]. Não só a necessidade de trabalhadores qualificados era reduzida drasticamente, como também aumentava significativamente a produtividade de cada homem.

As organizações contemporâneas, por sua vez, estão voltadas para um contexto em que as restrições anteriores não estão mais presentes. O surgimento de uma classe média intelectualizada resolve o problema da falta de profissionais qualificados, e a microeletrônica e as tecnologias de informação, incluindo a inteligência artificial, fornecem meios para a descentralização do planejamento e do controle. Entretanto, ao mesmo tempo que esses recursos permitem contornar as restrições passadas,

---

[9] Taylor, 1992, p. 74.
[10] Taylor, 1992, p. 41.
[11] Taylor, 1992, p. 90.

eles próprios representam novas restrições, às quais se somam ainda outras. São elas:

- *Uma nova classe média,* que representa uma transformação tanto no perfil da mão de obra disponível como no mercado consumidor. Mais educados e conectados com o mundo, por meio dos modernos meios de comunicação, os indivíduos da nova classe média – sejam eles profissionais, sejam clientes – apresentam novas exigências. O desafio passa a ser o de manter fiéis os profissionais e os clientes. Surge, portanto, a necessidade de um *aprendizado social.*
- *Tecnologia da informação* e os meios de comunicação em geral, que provocam o acirramento da competição, uma vez que a possibilidade de atuação global gera um maior número de competidores potenciais. Processos, da produção à comercialização, tornam-se mais ágeis, exigindo dos competidores cada vez mais agilidade para responder rapidamente às restrições do ambiente. Nasce daí a necessidade de um *aprendizado estratégico.*
- *Complexificação tecnológica,* já que a maior proximidade entre ciência e tecnologia e seu rápido desenvolvimento pressionam a organização para que aumente sua capacidade de aprendizado, de forma a adaptar continuamente seu processo produtivo e, até mesmo, seu negócio como um todo. Tal situação exige da organização um *aprendizado tecnológico.*
- *Mobilidade do capital.* Anteriormente, as organizações pertenciam a donos individuais. Mesmo em empresas ineficientes, o dono mantinha o negócio aberto por outras razões – familiares e afetivas, por exemplo. Hoje, em grande parte, os proprietários- -empreendedores foram substituídos por capitalistas de risco, investidores globais, muitas vezes fisicamente distantes. Enfim, foram substituídos por indivíduos cuja relação com a empresa é apenas "negócio". Se outra oportunidade de investimento prometer maior rentabilidade, os recursos serão direcionados para a alternativa mais promissora. Podemos falar, assim, de uma *competição por capital.* Embora possa parecer paradoxal, essa abordagem estritamente instrumental dos negócios acaba por

exigir das lideranças organizacionais uma considerável capacidade de *aprendizado cultural*. Afinal, nenhum ser humano – mesmo no caso de um investidor global – é movido exclusivamente por uma racionalidade instrumental. Todo ser humano faz parte de uma cultura que serve de pano de fundo para suas decisões. Portanto, torna-se cada vez mais necessária uma forma de **aprendizado que viabilize o diálogo multicultural**.

Como um típico fenômeno complexo – com múltiplas interações em retroalimentação –, a modernidade reflexiva emerge do próprio processo de modernização, o qual garante as condições para olhar para si própria e se transformar. A modernidade simples evolui, então, para um nível mais complexo, caracterizado por um padrão de conexões muito mais intensas.

As diferenças entre as duas fases de modernização manifestam-se em todas as esferas. Na esfera pública, por exemplo, a impersonalidade burocrática é aliviada por arranjos descentralizados em que os serviços públicos resultam da coprodução entre governo e cidadão. Na esfera econômica, as empresas verticalmente integradas e funcionalmente departamentalizadas cedem espaço para a emergência de redes de pequenas e médias empresas autônomas e intensivas em conhecimento.

Quando os recursos humanos se tornam gente

Na década de 1990, a Companhia Cervejaria Brahma, antes de se tornar a multinacional Ambev, inovou ao transformar seu Departamento de Recursos Humanos na *Diretoria de Gente*. Esta evoluiu para a Diretoria de Gente e Gestão, ao se fundir com a Gerência de Qualidade. Mais recentemente, outras empresas têm seguido o exemplo, criando suas próprias áreas de gente e gestão.

A iniciativa da Brahma foi uma resposta às transformações tecnológicas e sociais que já vinham se acelerando. A trajetória daquela empresa passou pela implantação pioneira da gestão da qualidade, a qual nos ensina a focar as necessidades do cliente e, a partir daí, orientar a melhoria contínua dos processos para atendê-lo. Tal sistema gerencial amplia a esfera de interação das áreas operacionais, ao relacionar seu desempenho às atividades das áreas consideradas de apoio. Evidencia-se a interdependência entre as equipes de produção e as de marketing e vendas, pois são estas últimas que conhecem o cliente. Da mesma forma, ressalta-se a interdependência de todas elas com as equipes que cuidam dos recursos humanos. Afinal, são as pessoas que trabalham para a empresa, que viabilizam a satisfação do cliente e o consequente faturamento necessário para a sobrevivência do negócio.

Assim, a percepção de que os trabalhadores são *gente* e não simples *recursos* produtivos evoluiu junto com o crescimento da importância dos consumidores. Ambos os fenômenos estão relacionados à finalidade das empresas.

Para que servem as empresas? A resposta fundamental não é, como alguns poderiam pensar, dar lucro ou remunerar o capital. Isso é apenas o meio para que um negócio, uma empresa ou uma grande organização cumpra sua finalidade primordial, que é atender às demandas das pessoas.

A pergunta que se coloca, então, é: *Como as organizações atendem às demandas das pessoas?* As lições de engenharia e de gestão nos levam a responder prontamente: *por meio de materiais, tecnologias e pessoas.* Embora aparentemente simples, tal afirmação esconde inúmeros temas para reflexão. Um deles, e que gostaríamos de destacar neste livro, é o que se entende por "pessoas" – ou "gente" – no contexto organizacional.

Por muito tempo, a categoria de "pessoas" que representava a finalidade das organizações era absolutamente distinta do tipo de "gente" que representava os meios. Tanto na Grécia Antiga como no Brasil Colonial, utilizavam-se escravizados para satisfazer as necessidades dos homens livres. Na Idade Média europeia, servos e artesãos eram meios para a realização dos fins da nobreza. Na modernidade, a existência de classes sociais deixava bastante evidente quem era trabalhador e quem era consumidor, até que se tornou interessante incluir a classe trabalhadora no mercado de consumo.

Henry Ford foi um dos primeiros a notar o ciclo virtuoso existente entre produção em massa e consumo de massa. Isto é, o aumento de escala de produção reduzia o custo total do produto, que se tornava mais acessível a um número maior de consumidores. Como consequência, ao vender mais, era possível reduzir mais ainda os custos de produção. Chegava-se a um ponto em que o próprio operário poderia ter recursos para consumir o que ele mesmo tinha ajudado a produzir.

No último século, a economia e a sociedade evoluíram fortemente em complexidade. A estrutura de classes torna-se menos evidente, ao mesmo tempo que surge uma nova classe média. Entretanto, "agora a classe média não é mais uma 'classe de serviços', isto é, uma classe a serviço das necessidades de reprodução do capital manufatureiro. Em sua forma expandida, ela se torna mais uma classe 'servida' do que uma classe de serviços"[12]. Dessa forma, *gente-que-produz* e *gente-que-consome* passam a ser confundidas uma com a outra. A partir daí, um indivíduo é, ao mesmo tempo, *trabalhador* e *consumidor*.

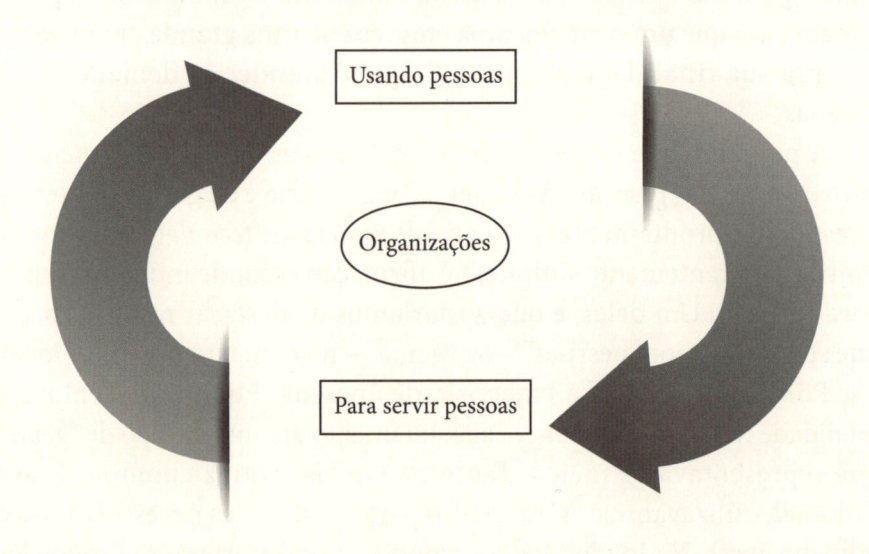

```
        Usando pessoas
              ↓
        Organizações
              ↓
        Para servir pessoas
```

Devido a esse fenômeno em que organizações usam pessoas para servir pessoas, a gestão se torna, literalmente, um problema *complexo*. Nessas circunstâncias, os agentes são afetados por suas próprias ações, de forma recursiva. Imagine, por exemplo, como trabalhadores em greve podem ser afetados pela queda das vendas no período. Ou imagine o impacto do fechamento de uma grande empresa em uma pequena cidade. O mesmo ocorre com sistemas que, além de serem complexos, têm a capacidade de se adaptar ao ambiente em que se encontram – tal qual um organismo vivo.

---
[12] Lash, 1995, p. 129.

Por essa razão, eles são chamados de *"sistemas complexos adaptativos[13]"*. A proposta deste livro é que os gestores sejam capazes de tirar proveito não só da solução de problemas complexos, mas principalmente das oportunidades que aparecem ao identificarem suas empresas como casos particulares de *sistemas complexos adaptativos*.

Nos próximos capítulos, exploraremos o que a ciência chama de "complexidade", bem como o que ela nos ensina sobre o comportamento dos *sistemas complexos adaptativos* em geral. Esse conhecimento poderá ser utilizado por gestores para enfrentar problemas em seus negócios que não possam ser resolvidos por abordagens gerenciais convencionais.

Considerando o grau de interconexão – portanto, de complexidade – que a sociedade moderna atingiu, é necessário ir além da observação de relações causais *lineares*[14]. É preciso reconhecer a existência de laços de *feedback* dentro das organizações e entre elas e o ambiente. É bem verdade que a administração, em certa medida, reconhece tanto o *feedback negativo*[15] quanto o *feedback positivo*[16] – e até mesmo tira proveito deles. O primeiro é o que permite a criação de mecanismos de controle, para manter o desempenho dentro de uma faixa predefinida. O segundo está por trás do ciclo virtuoso produção em massa/mercado de massa mencionado anteriormente, mas também explica o fenômeno do biscoito Tostines: vende mais porque está sempre fresquinho ou está sempre fresquinho porque vende mais?

As contribuições centenárias de Frederick Taylor e de Henry Ford formam a base da administração clássica. O taylorismo-fordismo e as abordagens gerenciais decorrentes desse paradigma foram fundamentais para o processo de industrialização e de evolução das corporações no

---

[13] **Sistemas complexos adaptativos** – categoria de *sistemas complexos não lineares* que são capazes de mudar para se adaptar às mudanças do ambiente, podendo, inclusive, modificar o ambiente a seu favor". Inclui os seres vivos e as organizações sociais de todos os tipos, tais como clubes, empresas, cidades e até civilizações.

[14] **Relações lineares** – podem ser representadas graficamente como uma linha reta. Uma mudança em uma variável corresponde a uma mudança proporcional em outra. Costuma-se dizer que o comportamento de um sistema linear (em que as relações entre os componentes são lineares) *é igual à soma dos comportamentos das partes*.

[15] **Feedback negativo** – diz respeito a situações em que o comportamento do sistema tende a uma meta, em decorrência de mecanismos corretivos inerentes ao próprio sistema.

[16] **Feedback positivo** – refere-se a uma dinâmica de reforço, a qual resulta de processos cumulativos, que reforçam a tendência existente.

século XX. Foram elas que forneceram as condições básicas para a emergência de uma "nova classe média".

No decorrer das últimas décadas, empresas de todos os tamanhos têm buscado transformar-se na tentativa de se adaptar às mudanças na sociedade e, particularmente, ao novo perfil dos consumidores, que se tornaram mais exigentes e passaram a demandar produtos cada vez mais personalizados. Isso obrigou as organizações a buscar maior flexibilidade em suas estruturas e, como consequência, intensificar suas atividades de projeto e de atendimento, abrindo mais oportunidades para trabalhadores ditos "intelectuais" – em contraposição àqueles que executam tarefas repetitivas, manuais ou administrativas.

Tal dinâmica fez com que fosse disseminada, na sociedade em geral, a noção de educação superior como meio para um indivíduo alcançar melhores condições de vida. Em meio a uma mentalidade que valoriza o conhecimento científico e a educação formal, isso desencadeou um processo segundo o qual o pensamento reflexivo deixou de ser uma prerrogativa das elites culturais.

A maior oferta de treinamento e o acesso à informação intensificaram a diferenciação de uma nova categoria de trabalhadores "reflexivos"[17] em relação ao clássico proletariado taylorista. Trabalhadores passam a se automonitorar e, dessa forma, podem reformular e recombinar regras e recursos de infinitas maneiras, inovando continuamente.

Entretanto, é natural que, tal qual um *sistema complexo adaptativo*, a empresa responda mais prontamente às pressões, que são percebidas mais intensamente. Enquanto predomina uma visão de mercado cujo foco está na competição por clientes, é compreensível que as organizações concentrem seus esforços nas demandas provenientes dos consumidores. Contudo, a desatenção a outro aspecto da mudança social – aquele associado à expansão da nova classe trabalhadora "reflexiva" – começa a provocar problemas, tanto para as empresas isoladamente como para a sociedade. Registros de ineficiências crônicas, de não conformidades e de baixa qualidade de produtos são somados a alarmantes dados sobre

---

[17] **Trabalhadores reflexivos** – aqueles capazes de se automonitorar e, portanto, reformular e recombinar regras e recursos de infinitas maneiras, contribuindo no processo de inovação da empresa.

doenças ocupacionais, depressão, alcoolismo e violência, dentro e fora do ambiente de trabalho.

A influência das organizações se impõe a, praticamente, todas as esferas da vida moderna. Portanto, não só os problemas internos como também da sociedade como um todo podem ser considerados sinais dos limites do modo clássico de administrar. Os modelos de gestão baseados direta ou indiretamente na administração científica vêm se tornando inadequados para conduzir as organizações que eles próprios ajudaram a impulsionar. A crise da gestão é apenas um sintoma de um desassossego maior.

Segundo a abordagem administrativa convencional, em que a organização é tratada em partes estanques, cada qual por um especialista, o indivíduo que a área de recursos humanos enxerga é um instrumento, um recurso para a produção. Portanto, ele não é exatamente *humano*. Pelo menos não é tão humano quanto aquele que é foco da área de marketing. Nesta ele é tido como *rei* – segundo jargão da Gestão da Qualidade Total[18] –, cujos desejos precisam ser não só atendidos como até mesmo antecipados.

O *indivíduo-cliente* tem paixões, muda de ideia, lança e segue modas e faz escolhas. O *indivíduo-recurso-produtivo*, por outro lado, é reduzido a um "custo", custo de mão de obra, necessário para que sejam obtidos os benefícios para a organização. Quando possível, e economicamente viável, esse recurso é substituído por instrumentos que melhor obedecem à programação, que não reclamam de cansaço, que não faltam ao trabalho, que não pedem aumento e que, portanto, são mais confiáveis – os robôs.

Daqueles trabalhadores que são ainda mais baratos do que a alternativa de automação, é roubado o direito de expressar plenamente as principais características que os fazem humanos – a *linguagem* e a *razão*. No ambiente hierarquicamente controlado do trabalho, o domínio da *linguagem* é reduzido ao mínimo necessário para entender comandos. Tanto é que o sistema criado por Taylor permitiu absorver um imenso número de trabalhadores que não falavam a língua local. A *razão* é

---

[18] **Gestão da Qualidade Total** – sistema de gestão inspirado na experiência japonesa do pós-guerra e muito influente no Brasil a partir da década de 1990.

exclusividade das camadas superiores, o que mantém nítida a separação entre quem executa e quem concebe as tarefas.

Com o avanço da modernidade reflexiva, porém, a lógica que move a gestão de recursos humanos não tem mais proporcionado resultados tão bons. Primeiro porque os seres humanos, em qualquer posição hierárquica, possuem uma "racionalidade limitada"[19]. Segundo, o dócil operário taylorista está em extinção, ou talvez já extinto. E, terceiro, há uma crescente oposição a relações de trabalho opressoras.

Uma máquina precisa ser programada ou manejada, posto que é uma ferramenta e, como tal, não tem *autonomia*[20]. Para isso, quem programa ou maneja tem que ter conhecimento total sobre o que fazer, como e quando. Entretanto, quanto mais complexo é o mundo real da produção, mais imprevisível ele se torna. Dessa forma, um ser humano real, de carne e osso, não é capaz de assegurar a execução ótima ou correta de um comando recebido. Afinal, seres humanos possuem apenas uma "racionalidade limitada". Até mesmo os líderes e os especialistas, como seres humanos que são, têm limitações em sua capacidade para reter e processar informações. Como lembra Giddens, "todos os que vivem nas condições da modernidade são afetados por inúmeros sistemas abstratos, e podem, na melhor das hipóteses, processar apenas um conhecimento superficial de suas técnicas"[21].

Além disso, o indivíduo proveniente de uma nova classe média, aquele que tem conhecimento e age reflexivamente, não aceita ser tratado como instrumento. Contudo, a reflexividade não está homogeneamente distribuída na sociedade. Enquanto certos setores da economia e da sociedade parecem se alimentar da capacidade de aprendizado e de expressão dos indivíduos, outros setores são palco para subemprego, informalidade e condições sub-humanas de existência. Ao lado de "vencedores da reflexividade", há um batalhão de "fracassados da

---

[19] **Racionalidade limitada** – expressão cunhada por Herbert Simon, ganhador do Nobel de Economia em 1978, para se referir ao fato de que há limite na capacidade humana para reter e processar informações, o que impossibilita a tomada de decisões ótimas.
[20] **Autonomia** – capacidade que um indivíduo possui de orientar suas ações em função de sua própria capacidade de julgar o que percebe ao seu redor.
[21] Giddens, 2002, p. 28.

reflexividade" – aqueles que não têm acesso aos meios de produção nem, principalmente, aos meios de informação[22].

Se por um lado esses "fracassados" não são adequados aos novos sistemas produtivos e são deixados à margem do mundo organizado, por outro, os vencedores não estão dispostos a aceitar uma separação entre execução e concepção tão acentuada, nem parecem ser sensíveis aos métodos motivacionais convencionais. O drama da administração clássica é que, sem trabalhadores obedientes, os métodos de gestão de recursos humanos não funcionam tão bem.

Por fim, tornando mais frágil ainda a efetividade das práticas gerenciais convencionais, há o fato de que os elos de interdependência entre as diversas esferas da vida ficam cada vez mais intensos. *Consumidores* e *trabalhadores* passam a se reconhecer uns nos outros, como membros de uma mesma comunidade, uma vez que não pertencem mais a classes estanques, isoladas desde o nascimento, como no passado. Disso resulta que os consumidores, cada vez mais, mobilizam-se contra as relações de trabalho opressoras. Um exemplo emblemático é o boicote ao consumo de produtos fabricados com a utilização de mão de obra escrava ou infantil, obrigando as organizações a rever suas práticas. Conforme a visão otimista de Norbert Elias:

> Sem dúvida, a transição para a integração da humanidade num plano global ainda se acha num estágio primitivo. Mas as formas primitivas de um novo *ethos* mundial e especialmente a ampliação da identificação entre pessoa e pessoa já são claramente discerníveis. Há muitos sinais da emergência de um novo sentimento global de responsabilidade pelo destino dos indivíduos desvalidos, independentemente de seu Estado ou tribo – em suma, de sua identidade grupal[23].

A sobrevivência e a evolução das organizações nessa nova realidade requerem uma adequação dos modelos usados para gerenciá-las. Tal processo de ajustamento pode ser facilitado caso compreendamos as

---
[22] Lash, 1995, p. 120.
[23] Elias, 1994, p. 139.

organizações como *sistemas complexos adaptativos* que compõem outros sistemas mais complexos, a exemplo das sociedades.

Considerando que as organizações são servidas por seres humanos para que elas possam servir aos próprios seres humanos, fica cada vez mais clara a existência de laços de interdependência em todas as esferas da vida. A perspectiva das *ciências da complexidade* aponta na direção de uma nova estrutura de gestão, cujos membros sejam capazes de respeitar a dinâmica psicossocial de seres humanos integrais que desempenham diversos papéis, tanto na organização quanto na sociedade.

Por que os métodos tradicionais nem sempre funcionam?

É comum ouvir dizer, entre os apaixonados pelas novas ciências da complexidade, que as soluções reducionistas não servem, que estão ultrapassadas ou que resultam de uma "cegueira" cartesiana que impede que se veja quão complexo é o mundo. Não podemos, contudo, negar o enorme sucesso que o método analítico proposto por Descartes tem demonstrado ao longo de toda a sua história, tendo trazido a ciência e a técnica a seu estágio atual. Sua influência é fundamental na administração, haja vista que Taylor propunha a análise cartesiana no estudo do trabalho e da produção. Além de seu sucesso, não nos parece que o método cartesiano ignore a complexidade. Ao contrário, ele procura revelar as leis e os mecanismos que estão por trás da complexidade percebida, ainda que, para isso, reduza os fenômenos complexos a algumas regras simples. Mas não é justamente isso que as novas ciências da complexidade pretendem? Então, por que elas não sofrem a acusação de ser reducionistas?

Acredito que a diferença fundamental entre a ciência cartesiana e as ciências da complexidade está na *concepção de seus modelos*. Enquanto para os cartesianos modelar significa isolar as partes do sistema, ignorando as *inter-relações* sempre que possível, para os cientistas da complexidade a tarefa é identificar as partes e compreender suas interações entre si e com o ambiente.

Considerando uma realidade em que a maior parte dos problemas pode ser classificada como *simples* – isto é, os agentes são pouco diferenciados e o comportamento do todo é linear –, não haveria muita diferença entre as duas abordagens de *modelização*[24]. É possível dizer até que a alternativa analítica seria mais eficiente. Quando, porém, em uma realidade na qual os problemas *complexos* tornam-se mais frequentes – isto é, problemas em que há grande interdependência e o comportamento é não linear –, os modelos analíticos podem levar a soluções pouco eficazes ou mesmo agravar os problemas.

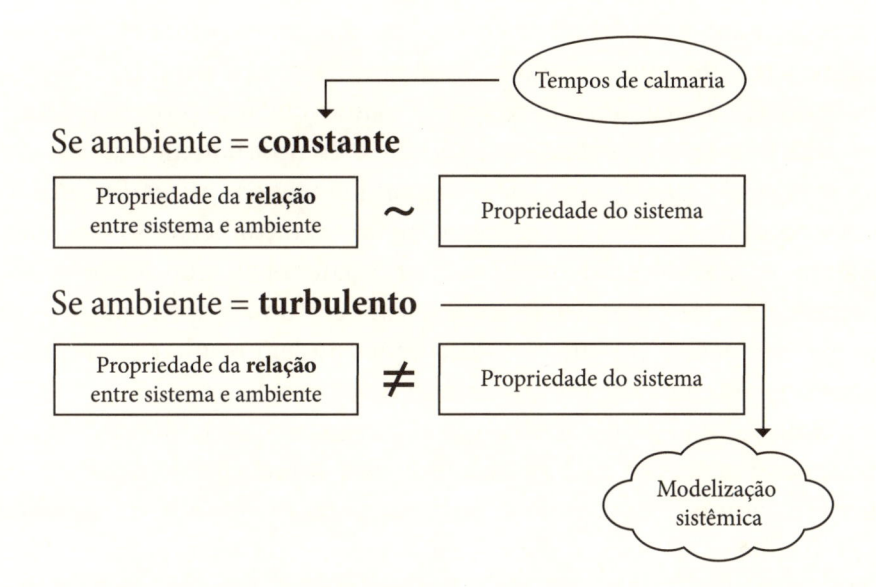

```
                              ( Tempos de calmaria )
                              ↑
Se ambiente = constante  ─────┘

  [ Propriedade da relação      ]  ~  [ Propriedade do sistema ]
  [ entre sistema e ambiente    ]

Se ambiente = turbulento ──────────────────────────────────┐
                                                            │
  [ Propriedade da relação      ]  ≠  [ Propriedade do sistema ]
  [ entre sistema e ambiente    ]                           │
                                                            ↓
                                                   ( Modelização
                                                     sistêmica )
```

O risco associado à aplicação do método analítico a situações complexas é o de confundir propriedades da *relação entre sistema e ambiente* com propriedades do *sistema*. Em tempos de calmaria, tal aproximação é razoável, pois é o mesmo que considerar que o ambiente externo é uma constante. No entanto, em tempos de mudanças rápidas, como os que vivemos nos últimos cem anos, ignorar as transformações ambientais e seus impactos sobre o fenômeno estudado pode ser mortal. É por essa razão que precisamos de metodologias específicas para a complexidade. Em outras palavras, precisamos conhecer os fundamentos das *ciências da complexidade* e da arte da *modelização sistêmica*.

---

[24] **Modelização ou modelagem** – arte de construir modelo, isto é, uma representação da realidade estudada.

Um primeiro passo é conseguir distinguir entre um *problema simples* e um *problema complexo*. Muitas vezes ficamos atordoados com a magnitude do problema e confundimos *complexidade* com *escala*[25]. Inclusive, vale ressaltar que nem sempre os problemas simples são mais fáceis de ser resolvidos que os problemas complexos.

É fato que tanto a ciência quanto o raciocínio leigo estão mais acostumados a lidar com fenômenos *lineares* – tais como os que caracterizam os problemas simples. Sistemas lineares têm seu comportamento representado graficamente por uma linha reta, pois uma mudança em uma variável corresponde a uma mudança proporcional em outra. Nesse caso, costuma-se dizer que o comportamento do sistema como um todo é igual à soma dos comportamentos das partes. Entretanto, as soluções de *problemas complexos*, uma vez reconhecidos como tais, podem ser mais fáceis de implementar do que as de muitos problemas simples. Isso porque os sistemas complexos costumam apresentar *pontos de alavancagem*[26], em que pequenas ações podem resultar em grandes efeitos, facilitando, em muito, a solução dos problemas.

Consideremos dois problemas como exemplos. O primeiro trata de um carregamento de algumas dezenas de toneladas de minério que deve ser retirado de um navio em uma hora. O segundo diz respeito a uma reserva na África onde turistas fazem safári fotográfico. Nesse caso, o problema está em garantir a sobrevivência dos grandes felinos, introduzindo um número adequado de antílopes. Qual deles pode ser considerado o problema mais complexo?

Frequentemente, recorre-se a Aristóteles para caracterizar um sistema complexo, afirmando-se que "o todo é maior que a soma das partes". Embora esse recurso seja útil para chamar a atenção para a *linearidade* como propriedade dos *sistemas simples*, ele pode se tornar enganoso quando se refere a *sistemas complexos*. O comportamento global de sistemas complexos é *qualitativamente diferente* do comportamento das partes – podendo ser maior ou menor que a soma das partes. A razão está no tipo de *interações* existentes, que conferem efeito *multiplicador* às ações de cada parte. O resultado é um comportamento para o sistema que não

---

[25] **Escala** – relaciona-se à medida do número de componentes do sistema.
[26] **Pontos de alavancagem** – fatores em que pequenas ações podem resultar em grandes efeitos. O reconhecimento desses fatores pode facilitar a solução de problemas complexos.

pode ser representado por uma função linear – equação da reta –, mas sim por equações não lineares. Portanto, não faz sentido dizer que *o todo é maior que a soma das partes*, já que a *adição* não se aplica a esses casos. Em geral, os problemas complexos são mais bem representados por equações exponenciais ou potenciais, levando a resultados diferentes da soma dos comportamentos de variáveis representados por equações lineares.

PROBLEMAS	
SIMPLES	**COMPLEXOS**
Comportamento global do sistema resulta da soma dos comportamentos das partes.	Comportamento global do sistema resulta das interações entre as partes. Há efeito multiplicador.
Equações lineares	Equações não lineares
$y = ax + b$	$y = ax^b$ $\qquad$ $y = a^x$

Voltando aos exemplos anteriores, podemos afirmar que o descarregamento de sacos de minério de um navio pode ser considerado um *problema simples*, uma vez que podemos solucioná-lo dividindo a tonelagem total por um grande número de estivadores. Assim, a soma dos esforços de cada um desses homens (partes) será igual ao descarregamento total do navio (todo). Como em outros problemas simples, as partes são razoavelmente similares, *indiferenciadas* (no sentido de que qualquer estivador pode descarregar qualquer saco), além de estar *fracamente conectadas* (durante a execução da tarefa não há necessidade de interação ou comunicação entre os estivadores). Dessa forma, há pouca chance de influência mútua, tornando cada parte (estivador) razoavelmente independente em relação às demais. Como resultado, o comportamento global (descarregamento do navio) é simplesmente a soma dos comportamentos de cada parte individualmente. Esse não é um problema de *complexidade*, mas sim de *escala*.

Caso fosse desejado realizar o descarregamento em menos tempo, bastaria alocar mais estivadores. Como é característico dos problemas simples, quanto maior o número de partes, maior a *escala* de ação e, portanto, maior a *intensidade* do resultado. Contudo, isso não significa que seja um problema de fácil solução. Será que há espaço físico para a movimentação de tantos homens? Será que há disponibilidade de estivadores naquele momento e local? Será que há recursos financeiros para contratá-los? Enfim, será que a solução teórica simples é exequível?

Esćala e Intensidade

- Sistemas de baixa complexidade são **pouco diferenciados** internamente e suas partes estão fracamente conectadas.
- Em sistemas simples, o **comportamento coletivo** tende a ser a soma dos comportamentos individuais, já que a possibilidade de influência mútua é baixa.

Quanto maior o número de partes (**maior escala**), mais **intenso** é o comportamento coletivo resultante.

Por outro lado, o exemplo da reserva para safáris na África caracteriza-se por um problema *complexo*. As partes – leões e antílopes – influenciam-se mutuamente em interações de altíssimo grau de *interdependência*, uma vez que a curva de crescimento de uma população é limitada pela curva de crescimento da outra. Se o número de leões aumenta muito, a quantidade de antílopes pode reduzir-se a ponto de inviabilizar a sobrevivência dos felinos. As interações entre leões e antílopes são marcadas por *laços de feedback negativo*, tais quais aqueles que permitem o funcionamento de um sistema de ar condicionado, em que um termostato limita o aumento da temperatura de uma sala.

Embora haja equações (não lineares) muito bem estudadas para a interação presa-predador, e ainda que elas sejam relativamente fáceis de ser resolvidas, esse continua sendo um exemplo de problema complexo. Complexo, porém de fácil solução, caso haja fazendas de antílopes que possam fornecer as presas necessárias para manter a população de leões nos níveis economicamente viáveis para a atividade de safári fotográfico.

Agora que já estabelecemos a diferença entre problemas *simples* e *complexos*, podemos deixar de lado a ideia de que os últimos são mais difíceis de resolver que os primeiros.

2
CIÊNCIAS DA COMPLEXIDADE E DA ADAPTAÇÃO

Provavelmente durante toda a sua existência, o homem tem se encantado com a complexidade do mundo à sua volta, e, a cada época, é eleita uma forma particular de compreendê-la. Nos dois últimos séculos, o olhar que tem predominado privilegia o foco nas partes que compõem um objeto de estudo, buscando explicar o comportamento do conjunto a partir da análise detalhada de seus constituintes. Tal forma de ver o mundo permitiu que a ciência e a tecnologia atingissem avanços inquestionáveis.

Entretanto, uma série de perguntas permanece sem resposta. A maioria delas está relacionada a fenômenos cuja explicação não reside apenas nas propriedades das partes isoladas, mas principalmente nas relações tecidas entre elas. Esses fenômenos são muito mais comuns do que a ciência convencional provavelmente gostaria de acreditar. *A vida, o clima* ou até mesmo *a repercussão de boatos* são exemplos que fazem parte de nosso cotidiano, mas que continuam intrigando os cientistas.

É dentro desse contexto que, nas últimas décadas, o estudo dos *sistemas complexos adaptativos* vem ganhando importância como um referencial unificado, capaz de oferecer uma nova lente através da qual seja possível lidar com os mais diferentes tipos de problemas. Essa "lente da complexidade" nos permite reconhecer objetos ou situações-problema como *sistemas* cujo comportamento *emerge da interação entre partes que se influenciam mutuamente*.

Herdeiras da *Teoria Geral dos Sistemas* e da *cibernética*, as *ciências da complexidade* buscam identificar propriedades universais compartilhadas pelos sistemas complexos em geral. Seu foco está em *situações nas quais causa e efeito não estão diretamente relacionados, mas para as quais é possível identificar regularidades e padrões que nos permitem agir de forma eficaz*. Nesse sentido, os estudos da complexidade oferecem conceitos e ferramentas para criarmos modelos mais adequados da realidade, os quais levem em conta as inter-relações mais relevantes para que possamos compreender e lidar com problemas do dia a dia.

Segundo a abordagem sistêmica, a qual está na base dos estudos da complexidade, é preciso, em primeiro lugar, definir o sistema em questão. Isto é, formular seu *modelo conceitual*, que expressa um padrão de relações coerentes e que atende a um determinado propósito. É importante notar, porém, que o ato de definir um sistema é uma questão subjetiva. Por isso, duas pessoas podem criar sistemas diferentes para representar uma mesma realidade a ser estudada. Portanto, as fronteiras de um sistema são infinitamente flexíveis. Um dado sistema pode abranger todo tipo de relação que o sujeito considerar relevante ou útil para seu propósito. Assim, novos sistemas emergem conforme novas relações são consideradas para uma mesma situação-problema.

Tomemos como exemplo de situação-problema o caso de uma empresa que deseja alavancar as vendas de um novo produto. O primeiro passo é definir o sistema, estabelecendo suas fronteiras. Isto é, definindo quem são os indivíduos ou funções que estão dentro e quais são as relações mais relevantes entre eles. Sendo uma escolha subjetiva, é possível que o gerente de marketing delimite seu sistema incluindo apenas as áreas responsáveis pela publicidade, pelas vendas e pela logística de distribuição. Em seu modelo conceitual, ele identificará as pessoas-chave e como elas interagem entre si. É importante que ele considere tanto as interações formais quanto as informais. Em paralelo, o gerente de produção também pode estar empenhado em alavancar as vendas. Devido à sua experiência pessoal, ele construirá um modelo conceitual diferente daquele construído por seu colega do marketing.

Provavelmente as fronteiras de seu sistema incluirão a fábrica e a área de projeto e talvez deixem de fora a publicidade.

Nesse sentido, a perspectiva sistêmica permite que o modelo conceitual de um sistema evolua, ajustando-se à evolução da percepção do problema e ao espaço de ação de quem o estuda. Ao contrário da abordagem tradicional de solução de problemas, essa visão estimula os indivíduos a questionar as fronteiras da situação-problema, a qual passa a ser reconhecida como dependente dos propósitos e da percepção desses mesmos indivíduos. Quando pessoas expostas a experiências diversas – como o gerente de marketing e o de produção desse exemplo – são convidadas a cooperar no processo de estudo, os modelos conceituais tendem a evoluir mais rapidamente na direção de soluções eficazes.

Esse novo olhar, além de revelar a autonomia do sujeito enquanto formulador do modelo conceitual do sistema, também revela a *autonomia* das inúmeras partes que compõem o sistema em questão. Esse é um conceito intrinsecamente relacionado à definição de *sistemas complexos adaptativos*, pois, não sendo determinado externamente, seu comportamento emerge das ações autônomas das partes integrantes.

Os estudos da complexidade têm como objetivo fundamentalmente descobrir como as partes autônomas de um sistema dão origem a comportamentos coletivos tão interessantes. O que os torna "interessantes" é o fato de que tais sistemas parecem seguir um propósito, apesar da *ausência de uma entidade externa* que os guie. Observando-se o comportamento de um sistema complexo na natureza, nota-se que, apesar de estar exposto a perturbações, o sistema mantém sua identidade estrutural – sua *organização*. Percebe-se que o sistema é capaz de se adaptar à nova situação, sobrevivendo às pressões sofridas. Ele se *auto--organiza*.

Imagine que você está em uma praia paradisíaca, nadando com os peixinhos. Você notará que os cardumes conseguem desviar de pedras, corais e peixes maiores, dispersando-se e rapidamente retomando a formação original. Os peixes não seguem um líder que lhes aponta a direção. Não. A organização dos cardumes é espontânea. Ela *emerge* das ações individuais de peixes exercendo sua *autonomia, respeitando algumas* poucas regras. Cientistas fizeram simulações e concluíram que essas regras instintivas se parecem com: *manter uma distância mínima dos outros objetos, inclusive de outros peixes;* manter a mesma velocidade dos outros indivíduos em sua vizinhança; e *mover-se em direção ao centro de massa dos outros indivíduos na vizinhança.* Diz-se, então, que o sistema-cardume *se auto-organiza.* Para isso, é necessária a autonomia de cada peixe para avaliar o ambiente e seguir as regras que orientam suas ações individuais.

Assim, os sistemas complexos que são capazes de se *auto-organizar* e, dessa forma, se manter *adaptativos,* são de grande interesse para os cientistas da complexidade. Mas essa categoria de sistemas não interessa apenas aos cientistas. *Adaptação* é um propósito comum a praticamente todas as organizações humanas – em particular, as empresas. Entretanto, no universo organizacional, a ideia predominante é a da necessidade de projeto e de controle centralizados. A pergunta que está na base das ciências da complexidade é: *Como a ordem pode emergir do caos*? Trazendo para o mundo organizacional e das instituições humanas, soaria assim: "Como um comportamento claramente tão ordenado e coerente poderia emergir na ausência de um projeto ou de uma autoridade que exerça o controle?". Tal pergunta traz profundas implicações não só para a ciência, mas também para a gestão das organizações. A boa notícia é que, quando projetar e controlar se torna impossível, ainda podemos tirar proveito da complexidade de muitos dos sistemas com os quais lidamos.

Engenheiros e gestores têm se apropriado de conceitos da cibernética, da Teoria Geral de Sistemas e da Teoria dos Sistemas Dinâmicos para compreender o fenômeno da *auto-organização*[27]. Eles são motivados pelo interesse em reproduzir ou gerenciar as condições do ambiente que sejam propícias ao aparecimento de propriedades emergentes úteis para as organizações humanas. Da mesma forma que cardumes podem se adaptar às mudanças que surgem nas águas a seu redor seguindo apenas algumas poucas regras simples, os pesquisadores procuram identificar regras simples que orientam a ação autônoma dos indivíduos dentro de uma empresa para que esta seja capaz de se adaptar ao ambiente. A capacidade de adaptação espontânea via auto-organização é vital em épocas de mudanças aceleradas, quando os líderes não conseguem planejar o futuro adequadamente.

---

[27] **Auto-organização** – propriedade de um sistema de exibir comportamentos ordenados espontaneamente, a partir de interações de seus elementos, sem intervenção externa.

A evolução da complexidade: auto-organização e emergência[28]

Os sistemas complexos são formados por um grande número de elementos. Entretanto, tais elementos, ainda que possam ser considerados simples individualmente, interagem dinamicamente, trocando energia e informações. Por isso, sistemas complexos são, por definição, *sistemas abertos*[29]. As interações, mesmo que restritas a elementos específicos, provocam efeitos que podem se propagar por todo o sistema. Essas interações, cujos efeitos são desproporcionais às causas, são ditas *não lineares*.

Um tipo comum de interação não linear é o *feedback*. Este é dito *negativo* quando freia uma tendência do sistema, como um termostato que impede que a temperatura saia de controle, ou as populações de predadores e presas que se controlam mutuamente. O *feedback é positivo* quando reforça determinada tendência. Exemplo de feedback positivo é uma explosão decorrente de reações em cadeia. Analogamente, o feedback positivo que relaciona o consumo de massa com produção em larga escala é também uma reação em cadeia: quanto mais se produz, mais se consome, estimulando o aumento da produção, e assim por diante.

Considerando que este livro é dirigido a gestores, vale ressaltar que *feedback* é uma palavra da língua inglesa que significa, simplesmente, retroalimentação – tanto na ciência quanto na linguagem coloquial. Quando você "dá um feedback" para um funcionário, você o está retroalimentando com informações sobre o comportamento dele. Se você o elogia, ele vai entender que deve continuar fazendo daquele jeito. Como um elogio tende a reforçar o comportamento atual, ele é um *feedback positivo*. Se você, por outro lado, disser que o que ele faz está errado, ele tenderá a parar de fazer daquele jeito. Como uma repreensão tende a frear ou interromper o comportamento atual, ela é um *feedback negativo*. Portanto, ao contrário do que muitos podem supor, o que diferencia um feedback positivo de um negativo não é seu efeito sobre os sentimentos da pessoa que o recebe, mas

---

[28] **Emergência** – fenômeno que ocorre quando as ações dos componentes individuais, seguindo apenas regras simples e locais, se combinam gerando comportamentos sofisticados nos níveis superiores do sistema.
[29] **Sistemas abertos** – sistemas que trocam energia, matéria e/ou informação com o ambiente.

sim o efeito que causa no comportamento dela. É importante lembrar que feedback vai muito além de comunicação interpessoal. Esse é um conceito que se aplica a todo tipo de sistemas complexos, de seres unicelulares a sociedades e ecossistemas.

Existem muitos *loops de* feedback que, quando há suficiente conectividade entre os diversos componentes, garantem a autorregulação do sistema. Nesse caso, o funcionamento regular do sistema é mantido por si só, sem que seja necessário haver controle externo. Assim como o mecanismo de controle, a própria organização (e a contínua reorganização) do sistema decorre de sua dinâmica interna. Portanto, os sistemas complexos que são de interesse dos cientistas da complexidade se autorregulam e se auto-organizam. O argumento deste livro é que a *auto-organização* também deveria ser de interesse dos gestores, já que essa é uma capacidade intrínseca dos sistemas complexos – inclusive empresas – de se adaptar ao meio em que se encontram.

Tal como acontece com cientistas, os gestores se surpreenderão com o que um sistema é capaz de realizar quando há *condições* que permitem que ele se auto-organize. Convido o leitor a estabelecer critérios de sucesso que julgue apropriados para um certo propósito. Estabeleça um objetivo para sua empresa – seu "sistema". Crie condições propícias para que a auto-organização aconteça. Depois, compare os resultados com a época em que cada tarefa, cada decisão era planejada e controlada de forma centralizada.

O que mais fascina aqueles que estudam os sistemas complexos adaptativos é a aparente superioridade dos resultados alcançados por meio de *auto-organização*. Como já se notou, "a 'inteligência' de um sistema auto-organizante reside na mente dos observadores que tentam imaginar a si próprios especificando as regras"[30]. Daí o esforço em descobrir seus mecanismos, ou pelo menos seus princípios gerais.

Entretanto, os padrões comportamentais de tais sistemas ou suas propriedades não podem ser previstos – nem mesmo explicados – apenas pelo exame de suas partes isoladas. O método da ciência tradicional, portanto, não se mostra o mais adequado. Isso se deve ao fenômeno da *emergência*, graças ao qual um pequeno número de regras

---
[30] Beer, 1966, p. 355.

ou leis pode gerar níveis de crescente complexidade. Chamamos de *emergência* o fenômeno que ocorre quando as ações dos componentes individuais, seguindo apenas regras simples e locais, se combinam gerando comportamentos sofisticados nos níveis superiores do sistema. Lembra-se do cardume?

Para compreender tal fenômeno – que conecta ações individuais locais a comportamentos coletivos com manifestação global – é preciso estudar também as *interações* entre as várias partes. Em função das diferentes formas como as partes podem interagir, tratar esse tipo de fenômeno como se o todo fosse igual à soma de suas partes seria uma aproximação grosseira. Como alternativa, a *modelagem* surge como um método promissor para o estudo da emergência. Dessa maneira, é possível selecionar aspectos da realidade que pareçam mais relevantes para identificar regularidades no comportamento do sistema em estudo. *Modelar é, nesse caso, identificar o sistema com suas fronteiras, seus componentes e suas interações relevantes.*

Ao comparar diferentes modelos de sistemas que exibem emergência, cientistas podem identificar algumas similaridades e regras comuns. Entre tais similaridades, destaca-se a existência de mecanismos para *recombinação de subsistemas elementares* ("building blocks"), de mecanismos de *interação sem controle central* e uma possível tendência ao rápido aumento da emergência conforme aumente a *flexibilidade das interações*[31]. Estudos como esses, os quais comparam diferentes sistemas em busca de regularidades e de possíveis princípios universais, indicam que uma mesma lógica é capaz de explicar a complexidade de diversos tipos de sistemas. Essa lógica é *a evolução por seleção natural*.

Segundo essa perspectiva, a qual é compartilhada por inúmeros cientistas, o processo de complexificação se dá em função de três mecanismos-chave: *seleção, reprodução* e *iteração*. O primeiro seleciona, em meio a uma variedade de comportamentos ou arranjos estruturais, aquele que, em termos teleológicos (que relaciona um fato com sua causa final), confere melhor desempenho ao sistema. O segundo está associado à capacidade de memória do sistema, no sentido de registro da alternativa selecionada e sua consequente manutenção. Por fim, o terceiro

---
[31] Holland, 1998.

diz respeito à repetição desses processos continuamente, de maneira que a solução selecionada em uma iteração sirva de ponto de partida para o surgimento de novas variedades, sobre as quais ocorrerá nova seleção. Dessa forma, os efeitos da seleção são propagados cumulativamente, através das futuras gerações. Conforme explica Richard Dawkins:

> A diferença essencial entre seleção em um único passo e seleção cumulativa é esta. Na seleção em um único passo as entidades selecionadas ou escolhidas [...] serão escolhidas de uma vez por todas. Na seleção cumulativa, por outro lado, elas se 'reproduzem'; ou de alguma outra forma os resultados de um processo de peneiragem são alimentados em uma peneiragem subsequente, o qual é alimentado em... e assim por diante. As entidades são submetidas a seleção ou escolha por muitas 'gerações' em sucessão. O produto final de uma geração de seleção é o ponto de partida para a próxima geração de seleção e assim por diante em muitas gerações[32].

Um exemplo desse processo de complexificação é o surgimento de eucariotas unicelulares semelhantes aos animais a partir de eucariotas semelhantes às plantas, os quais possuíam uma parede celular de celulose e eram fotossintetizantes. Com a evolução, organismos destituídos de parede celular deixaram de realizar a fotossíntese ao adquirirem a capacidade de se alimentar de outros organismos fotossintetizadores. A emergência dessa capacidade foi a chave para o surgimento posterior dos animais verdadeiros[33].

Embora existam inúmeras outras teorias capazes de explicar a emergência de complexidade nos mais variados sistemas físicos, de flocos de neve a fenômenos meteorológicos, a evolução por seleção natural é considerada por alguns cientistas a única capaz de dar conta da *adaptação*. Estamos nos referindo a uma categoria especial de sistemas complexos, capazes de aprender e de ajustar suas estruturas e comportamentos para fazer frente a mudanças ambientais: os *sistemas complexos adaptativos*.

---

[32] Dawkins, 1996, p. 45.
[33] Gell-Mann, 1996.

Certos sistemas complexos mostram-se consideravelmente *robustos*, sendo *capazes de restabelecer o estado de equilíbrio após uma perturbação*. Em outras palavras, eles são capazes de se *regenerar*, se *multiplicar* e, em última análise, *sobreviver*. Para isso eles organizam sua própria estrutura interna, sem a intervenção de agentes externos. Eles se adaptam. Para dar conta dessa categoria especial de sistemas complexos, há a expressão *sistemas complexos adaptativos*. Essa categoria inclui os seres vivos e as organizações sociais de todos os tipos, tais como clubes, empresas, cidades e até civilizações. Como o próprio nome diz, eles são capazes de mudar para se adaptar às mudanças do ambiente. Tais sistemas podem, inclusive, modificar o ambiente a seu favor.

Modelização: conceituar para conhecer

Pensamos, agimos e nos comunicamos com base em *modelos*. A frase "estou com fome" implica diferentes caminhos de ação para cada pessoa, relacionados aos modelos que tivermos em mente sobre o que fazer quando estivermos com fome. Uma pessoa trabalhando em um escritório pode abrir a bolsa e pegar uma maçã. Uma mulher durante uma certa fase do ciclo hormonal, provavelmente não ficará satisfeita com nada menos que uma boa barra de chocolate. Um modelo é um recorte, uma *representação da realidade*. Sendo subjetivamente construído, o modelo precisa ser rigorosamente definido para permitir a comunicação intersubjetiva e o pensamento crítico.

O modelo serve, então, para representar um sistema, que pode ser definido aqui como simplesmente um conjunto de elementos que se relacionam entre si e com o meio, exibindo uma certa coerência. Ora, tal coerência requer a existência de um sujeito que a perceba – um sujeito que lhe dê sentido. Portanto, sistema é um constructo intelectual. É sujeito-dependente e propósito-dependente. A busca de coerência é alimentada por suas referências subjetivas e por seus propósitos. **Assim, *sistema* pode ser entendido como uma percepção subjetiva da realidade, enquanto *modelo* é sua descrição, tendo em vista uma determinada finalidade.**

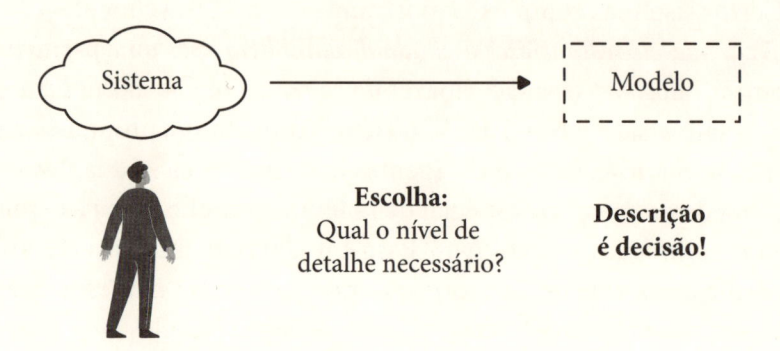

```
    Sistema    ────────▶   Modelo

              Escolha:         Descrição
         Qual o nível de       é decisão!
         detalhe necessário?
```

O desafio metodológico está em partir da percepção subjetiva da existência de uma realidade interconectada e transformá-la em uma evidência científica. Para isso, é necessário descrever tal realidade com precisão, de maneira a permitir a comunicação e o desenvolvimento de um conhecimento crítico, aprendendo-se, inclusive, com a própria conceituação.

A *teoria dos sistemas* forneceu a linguagem para a comunicação multidisciplinar complexa. A existência de uma linguagem comum abre espaço para comparações entre os diversos campos de pesquisa, entre as diversas disciplinas, viabilizando a busca de *isomorfismos*[34]. Literalmente, "isomorfismo" significa forma similar. Na teoria de sistemas, o termo é usado quando sistemas diferentes podem ser representados por modelos semelhantes. A partir da descrição dos sistemas e da identificação de padrões de comportamento, pesquisadores de diferentes áreas podem compartilhar suas conclusões, fazer simulações considerando os achados de seus colegas e refazer seus modelos. É muito mais do que tentar reproduzir resultados. É repensar toda a concepção do modelo e sua interpretação. Dessa forma, o conhecimento sobre sistemas complexos dos mais variados domínios vai sendo construído coletivamente, superando antigas barreiras disciplinares, ainda que respeitando as diferenças peculiares.

Repare no isomorfismo entre dois sistemas a princípio totalmente distintos, um estudado pela zoologia e outro, pela história das emoções: um cardume e a autoestima coletiva de uma nação.

---

[34] **Isomorfismo** – significa forma similar. Na teoria de sistemas, o termo é usado quando sistemas diferentes podem ser representados por modelos semelhantes.

> *O **cardume** é um padrão persistente de formação espacial que pode sobreviver aos indivíduos presentes no coletivo. Esses padrões espaciais emergem de interações não lineares entre os indivíduos. Eles ajustam seu comportamento e a avaliação do entorno de acordo com o feedback que recebem de outros indivíduos e do ambiente. Assim, o **cardume** emerge como resultado da adaptabilidade mútua das respostas dos peixes e da estrutura de suas relações (via auto-organização). O cardume reflete o contexto das interações no coletivo.*

> *A **autoestima nacional** é um padrão persistente de experiências emocionais coletivas que pode sobreviver aos indivíduos na população. Esses padrões emocionais emergem de interações não lineares entre os indivíduos. Eles ajustam seu comportamento e a avaliação do entorno de acordo com o feedback que recebem de outros indivíduos e do ambiente. Assim, a **autoestima nacional** emerge como resultado da adaptabilidade mútua das respostas dos cidadãos e da estrutura de suas relações (via auto-organização). A autoestima nacional reflete o contexto contemporâneo das experiências coletivas no país.*

Ambos os sistemas, um natural e outro social, compartilham das mesmas propriedades que são comuns a todos os sistemas complexos adaptativos:

- Sistemas complexos formam padrões persistentes, mesmo trocando continuamente seus integrantes. Isto é, o cardume permanece, mesmo que alguns peixes apareçam e outros desapareçam. O mesmo é válido para uma nação e seus cidadãos ou uma empresa e seus sócios e funcionários.
- Emergência: o todo é mais do que a soma das partes. Não podemos explicar a complexidade no nível do sistema apenas pelo comportamento de suas partes. Devemos estudar a dinâmica das interações também. Isto é, não basta saber a espécie de peixe que existe no cardume, ou as características demográficas de uma população, mas também as regras que moldam suas ações.
- Não linearidade: é uma condição necessária das relações entre as partes em sistemas complexos. Em fenômenos de escala macroscópica, está

relacionada à presença de *loops* de feedback. Embora os mecanismos sejam diferentes, há comunicação entre os integrantes tanto de coletivos biológicos quanto de organizações humanas.

- Auto-organização: propriedades de nível macro resultam da interação estruturada de partes de nível micro, em vez de impostas centralmente ou externamente. Populações tanto animais como humanas são capazes de se organizar espontaneamente, sem a necessidade de direcionamento externo.

Considerando que estamos aqui interessados na solução de problemas complexos, pressupõe-se que a finalidade do conhecimento seja a intervenção. Para isso, precisamos construir modelos para pensar ações possíveis e suas múltiplas consequências. Mais ainda, uma vez que sistemas complexos são caracterizados pela existência de laços de feedback – os quais tendem a tornar o comportamento do sistema imprevisível ou contraintuitivo –, é preciso que tais modelos permitam simulações. Ao contrário da abordagem analítica, que pretende descobrir as causas para determinado efeito, a abordagem sistêmica pode satisfazer-se em compreender o *contexto* que permita atingir determinada *finalidade*.

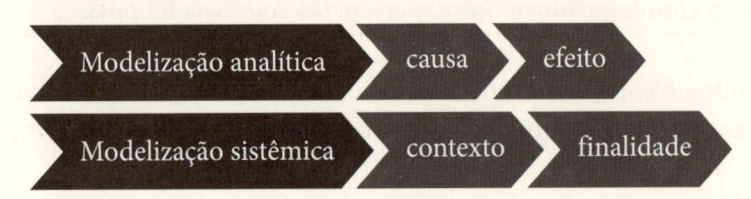

| Modelização analítica | causa | efeito |
| Modelização sistêmica | contexto | finalidade |

Enquanto a *modelização analítica* concentra-se preferencialmente nas partes, a *modelização sistêmica* está interessada principalmente nas *relações*.

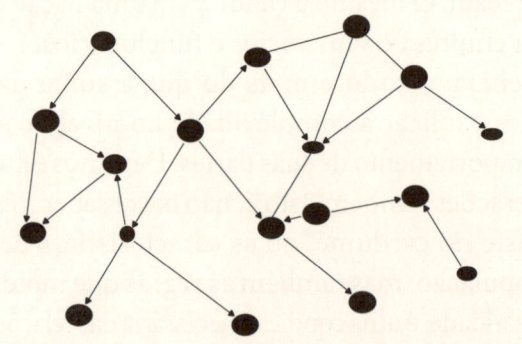

Arranjo em rede, característico dos sistemas complexos

Nesse sentido, em vez de um arranjo hierárquico, uma *rede* apresenta-se como uma forma mais útil para descrever sistemas complexos, uma vez que é capaz de representar adequadamente tanto as partes que compõem o sistema quanto suas conexões. Além disso, permite visualizar também a intensidade e o sentido das interações – isto é, a força de influência de uma parte sobre outra –, bem como os fluxos de materiais e/ou informações que estejam presentes no sistema estudado.

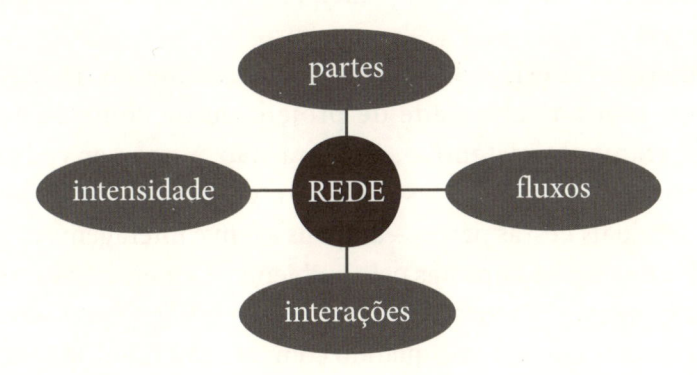

Vale lembrar que, ao se conceber um modelo de um sistema complexo, é fundamental que se estabeleçam, com clareza, as fronteiras entre sistema e ambiente externo, bem como que se descreva a interação entre o observador e o sistema.

Em resumo, *sistemas complexos adaptativos* são organizações em rede formadas por inúmeros agentes, os quais são elementos ativos e autônomos, cujo comportamento é determinado por um conjunto de regras e pelas informações a respeito do seu desempenho e das condições do ambiente imediato. Esses agentes aprendem e adaptam seus comportamentos a partir das pressões de seleção presentes. O comportamento global do sistema emerge, então, como efeito da combinação das interações (não lineares) entre os diversos componentes.

Sistemas complexos: conhecer para agir

Os sistemas complexos são compostos por vários componentes diferenciados e interdependentes, os quais, apesar de sua efemeridade individual, garantem a permanência de um padrão global coerente para o sistema. Tal padrão resulta das ações locais de cada componente, os quais são capazes de se comunicar entre si e reajustar seus comportamentos, influenciando, por sua vez, os comportamentos dos demais. Dessa maneira, a partir dos ajustes que cada componente realiza em suas ações individuais (a partir das informações limitadas que recebe), o sistema é capaz de se adaptar ao ambiente. Dessa forma, a sobrevivência e a evolução do sistema são conseguidas por meio de um processo de *auto--organização*, do qual deriva a principal propriedade desses sistemas: a *emergência*.

A emergência está relacionada ao aparecimento de fenômenos coerentes, sem a necessidade de projeto ou de controle externos. O comportamento sistêmico, embora não possa ser reduzido ao comportamento de suas partes constituintes, é resultado exclusivo das ações individuais dessas partes – as quais agem e interagem em resposta às pressões de seleção impostas pelo ambiente. A emergência abre espaço para o surgimento, em todas as escalas, de uma *inteligência coletiva*, a qual explica a robustez do sistema quando comparada à frágil adaptabilidade do indivíduo.

Voltando ao nosso exemplo anterior, o cardume se comporta como se tivesse uma inteligência própria. O coletivo funciona como um organismo que sabe para onde ir para desviar de obstáculos e predadores no caminho. Embora cada peixe que o integra seja muito frágil, podendo sucumbir a qualquer ameaça, o cardume continua robusto, ajustando-se às condições do ambiente e percorrendo quilômetros sem perder a coerência que o define. Da mesma forma, organizações humanas demonstram uma forma de inteligência coletiva própria, que permite que sobrevivam além dos séculos, apesar da fragilidade do ser humano.

A possibilidade da *emergência* decorre da forma de interação entre os componentes do sistema, que se dá por meio de *loops de feedback*. Como dito anteriormente, o feedback pode ser positivo ou negativo, sem que isso tenha qualquer coisa a ver com benefício ou malefício para o sistema. O feedback positivo, por exemplo, presente no crescimento exponencial de uma população de bactérias ou na propagação de um modismo, nada indica sobre a saúde de uma pessoa ou de uma sociedade, pois seus efeitos podem ser bons ou ruins, dependendo do contexto. O feedback negativo, por sua vez, não implica mau desempenho para a

Bolsa de Valores. Ao contrário, o mecanismo espontâneo de feedback negativo era a "mão invisível" em que Adam Smith confiava para a autocorreção da economia: forças contrárias levando a padrões estáveis.

Quando a interação entre as partes ocorre em *loops* de feedback – sejam positivos, reforçando o comportamento, sejam negativos, controlando-o –, as causas e os efeitos tendem a se distanciar no tempo e no espaço. Dessa forma, as ações individuais em regiões aparentemente afastadas do sistema podem provocar reações em outras regiões no futuro. Tais efeitos transformarão as condições em que os indivíduos agem, e assim por diante. Como consequência, do ponto de vista do observador externo, os sistemas complexos tendem a apresentar comportamentos contraintuitivos, uma vez que rompem com uma possível expectativa de comportamento linear. Por outro lado, do ponto de vista da *seleção natural*, que é o verdadeiro juiz do desempenho do sistema, são as interações por meio de feedback que permitem o reajuste das ações, a maior variedade de comportamentos a serem selecionados e o aprendizado sistêmico. É isso que permite a emergência de comportamentos mais adaptados, garantindo a robustez do sistema.

Emergência

Comportamento coletivo que se dá por **auto-organização**

Não há projeto prévio ou controle externo!

Interação entre partes autônomas, orientadas por regras simples

Forças contrárias ⟶ **Padrões estáveis**

Forças cumulativas ⟶ **Padrões dinâmicos**

A *adaptabilidade* está intimamente ligada à capacidade de mudar de comportamento conforme as condições ambientais variem. Ou seja, à capacidade de fazer *escolhas* entre as várias possibilidades encontradas, em um processo de tentativas, erros e acertos. Nesse sentido, a *autonomia* é fundamental para garantir liberdade nas tentativas, gerando variedade suficiente para que surjam comportamentos úteis. A "utilidade", nesse caso, refere-se ao poder de fazer frente às *pressões de seleção* exercidas pelo ambiente. Lembrando, a ideia de autonomia está implícita na própria definição de *sistema complexo*, visto que este não é determinado por um projeto prévio ou controlado externamente. Ao contrário, como já foi dito, a emergência de um padrão que perdura no tempo – conferindo identidade ao sistema, apesar das grandes mudanças que possam estar ocorrendo no nível de seus constituintes – é decorrência de uma série de *processos autônomos,* graças aos quais o sistema pode sobreviver e evoluir.

Entretanto, quando se pensa em sistemas sociais como as organizações humanas, autonomia e auto-organização trazem alguma desconfiança. Costuma haver o receio de que, sem a presença de uma autoridade central, as ações autônomas de integrantes movidos por interesses individuais destruam o sistema. No ambiente corporativo, como evitar que os atos de colaboradores buscando bater suas metas individuais prejudiquem o desempenho da empresa?

A resposta está na *cooperação* – uma forma de alcançar objetivos individuais, principalmente quando a ação isolada não se mostra satisfatória. É assim que as partes se agregam e formam o sistema.

A *cooperação* emerge como uma estratégia capaz de trazer mais benefícios para cada um dos componentes do que seria possível se eles agissem isoladamente. As forças evolutivas não avaliam se um indivíduo está indo melhor do que o outro. Não há competição nesse sentido. O que importa é se aquele sistema como um todo é capaz de ser bem-sucedido em lidar com as restrições que lhe são impostas. Sob condições propícias, indivíduos autônomos tendem a cooperar a tal ponto que se transformam em um *agregado*, agindo como um metaindivíduo, em um nível de complexidade superior. No exemplo corporativo, indivíduos se beneficiam ao cooperar para o sucesso da empresa. Assim, interações entre partes relativamente simples, como peixes ou operários braçais, podem produzir um agregado organizado que persiste no tempo e que exibe um comportamento complexo próprio, o qual transcende aquele de seus integrantes.

A propriedade de *agregação*, formando novos agentes em um nível de organização superior, parece conferir maior chance de sobrevivência e adaptabilidade ao sistema. Imaginemos, no mundo corporativo, que os funcionários cooperem entre si formando equipes. Essas equipes se tornam agregados que funcionam como um novo tipo de agente coletivo – não mais um indivíduo –, cuja ação se dá em um primeiro nível de organização. Progressivamente, equipes se agregam em seções, cada uma delas atuando como um agente no segundo nível, seções agregam-se em departamentos para agir no terceiro nível, e assim por diante.

Sistemas mais complexos tenderiam a ser mais robustos que sistemas mais simples, em função do maior repertório de comportamentos que o sistema mais complexo pode apresentar para fazer frente às pressões de seleção. Quando vários agentes interagem e se agregam, o conjunto resultante passa a exibir propriedades emergentes em cada nível que vão impactar diretamente o desempenho global. É como se os diversos agentes coletivos representados pelas seções, departamentos e diretorias desenvolvessem habilidades próprias e diferenciadas que contribuíssem para a inteligência coletiva da organização.

Embora seções, departamentos e diretorias sejam tradicionalmente estruturados como uma hierarquia de comando, eles também podem tomar a forma de uma rede. Ao interagirem sem controle central, as partes trocam informação e recursos, formando uma espécie de ecossistema. Se o sistema é perturbado pela extinção de uma parte componente, outra parte – ainda que diferente – vem ocupar o nicho deixado, restabelecendo as interações centradas naquele nó da rede. Mais do que isso, porém, o novo agente, por ser diferente, abre oportunidade para novas interações, gerando mais diversidade. Assim, o padrão de interações evolui. Cada nova adaptação abre espaço para outras interações.

A capacidade de se unirem e se organizarem hierarquicamente não deve ser confundida com a obediência a uma hierarquia de comando. Os níveis de agregação em sistemas complexos adaptativos são análogos às camadas de uma cebola. Cada uma está relacionada à possibilidade de serem identificadas diferenças de habilidades entre as partes. Consequentemente, surgem oportunidades de *especialização* e "divisão de trabalho". Cada agregado especializa-se em uma determinada função, em um processo de *modularização* que confere grande flexibilidade ao sistema.

Modularidade

> O poder da combinação!

> Exemplos

- **Cérebro:** regiões parcialmente independentes.
- **Produção industrial:** células de produção, aumentando a flexibilidade.
- **CRIATIVIDADE = combinações – restrições:** analogias com sentido geram novas possibilidades!
- **Reprodução sexuada:** exemplo de criatividade na natureza (recombinação de genes, gerando novos organismos viáveis).

> Subsistemas especializados funcionalmente, quando combinados, geram maior número de padrões.

Por meio da recombinação funcional de agregados, o sistema torna-se capaz de responder a uma variedade imensa de pressões de seleção. Dessa forma, ele passa a exibir, potencialmente, um número muitíssimo maior de comportamentos viáveis – em comparação ao que seria possível caso todas as partes fossem iguais e capazes de realizar apenas as mesmas funções. Imagine que você é um empreendedor e, para fazer sua empresa crescer, contrata dezenas de funcionários – todos, porém, com habilidades iguais às suas. Quais as chances de seu empreendimento dar certo? A evolução exige variedade e recombinação. É assim que nosso cérebro funciona. É assim que nós existimos e que somos indivíduos únicos: pela recombinação de estruturas especializadas. É assim também que as grandes corporações perduram por décadas, às vezes atravessando séculos.

De forma geral, os sistemas complexos exibem a propriedade de se agregar em níveis de complexidade crescente, e seu comportamento emerge das interações entre os diversos componentes menos complexos. Partes individuais de um dado subsistema são capazes de se reconhecer e se associar, e, caso a seleção reconheça mais vantagens do que desvantagens nessa agregação, os indivíduos permanecerão juntos, desenvolvendo novas funções que contribuam para a evolução do sistema. Podemos dizer que o segredo do *processo de complexificação* e do sucesso evolutivo está na *especialização* das partes do sistema, que só é possível graças à *diferenciação* interna.

O processo de complexificação de um sistema resume-se em quatro propriedades-chave: *autonomia, cooperação, agregação* e *auto-organização*. O ciclo começa pela autonomia. Indivíduos *autônomos* e diversos, capazes de aprender e de se adaptar, *cooperam* entre si obtendo vantagens adaptativas. Caso o resultado se mostre vantajoso para os indivíduos no enfrentamento das pressões do ambiente, tal comportamento tende a ser selecionado e reproduzido.

Nesse ponto, os indivíduos cooperativos se unem formando um *agregado,* que também passa a se comportar como um indivíduo, em um nível de organização superior. Então, esse agregado entrará em cooperação com outros agregados, podendo formar uma estrutura estável que funcione, por sua vez, como um novo agregado em um nível acima, e assim sucessivamente, em uma espiral de crescente complexidade. Diz-se, então, que o sistema resultante se *auto-organiza*, fazendo emergir um comportamento global cujo desempenho também é avaliado por pressões de seleção presentes no ambiente.

Para resolver problemas complexos

Estamos aqui em busca de metodologias para lidar com problemas complexos. Podemos separá-los em três tipos: (1) aqueles que estão relacionados a sistemas complexos *naturais* – como o clima, as doenças e outros tantos; (2) os relacionados a sistemas complexos *artificiais* – isto é, aqueles que existem devido à inventividade humana, como computadores ou sistemas de produção; (3) os problemas ligados ao funcionamento de sistemas *semiartificiais* – como organizações sociais, empresas e cidades (inclusive o trânsito). Estes últimos, embora devam sua existência à presença do homem como ser cultural, não são classificados como *artificiais* porque sofrem grande influência da natureza, inclusive da natureza humana, das partes constituintes desses sistemas.

Podemos dizer que certas disciplinas seriam mais apropriadas do que outras para lidar com cada tipo de problema. Meteorologistas, médicos, biólogos e ecologistas, por exemplo, podem contribuir com o seu conhecimento sobre sistemas *naturais*. Por sua vez, os sistemas *artificiais* formam o clássico domínio dos engenheiros. E, para lidar com problemas envolvendo sistemas *semiartificiais*, uma gama enorme de profissionais tem espaço para contribuição – desde os próprios engenheiros até sociólogos, psicólogos, economistas, historiadores e tantos mais que possamos imaginar.

Essa tipologia chama a atenção para a tensão entre *intervenção* e *auto--organização*, especialmente discutida na economia (intervencionismo e liberalismo), mas que está presente em todos os problemas complexos.

Os sistemas complexos *naturais* são fortemente regidos pela auto--organização, mas nem por isso deixamos de poder intervir neles. O tão discutido aquecimento global é um exemplo de um efeito não premeditado de nossa intervenção, e também da esperança de restabelecer o equilíbrio da atmosfera restringindo as intervenções humanas. A cura de doenças é outro exemplo do homem intervindo sobre sistemas auto-organizadores naturais, enquanto a recuperação de um ecossistema natural pode ser conseguida apenas com seu poder de auto-organização.

Os sistemas complexos *artificiais* também podem contar com auto-organização, além da convencional intervenção. A computação e a robótica já utilizam esse potencial para desenvolver artefatos mais robustos, flexíveis e inteligentes. A biotecnologia é outro caso em que a engenharia usa o potencial auto-organizador dos sistemas complexos naturais para a produção de bens. E essa arte de balancear intervenção com auto-organização não é novidade: é assim que se produz cerveja desde, pelo menos, os tempos do Egito Antigo.

Os sistemas complexos *semiartificiais* parecem despertar mais o desejo de intervenção. Historicamente, as relações de poder nas várias sociedades têm feito com que o potencial de auto-organização de cidades, de empresas e de grupos sociais seja ignorado ou negado. Por exemplo, foi somente na segunda década do século XX que a Escola das Relações Humanas "descobriu" a organização informal. Seus pesquisadores denunciavam, então, a existência de uma dinâmica complexa que a administração – com sua forma científica de intervenção – ignorava. As décadas seguintes testemunharam um grande avanço nas formas de compreensão dos sistemas semiartificiais, graças, principalmente, ao desenvolvimento da Teoria de Sistemas e da cibernética e, atualmente, às ciências da complexidade.

As ciências da complexidade partem da premissa de que é possível estudar os padrões gerais que são formados a partir de comportamentos coletivos, sem que seja necessário conhecer todos os mecanismos específicos do funcionamento das partes do sistema. Para isso, é preciso descobrir quais são as regras que guiam o comportamento das partes em um determinado nível de agregação – lembre-se das camadas de uma cebola – e que são relevantes para compreender o comportamento que emerge no nível superior. A isso chamamos de estudo da *emergência*.

Os estudos dos sistemas complexos e da emergência podem ser de grande contribuição para a solução dos mais variados problemas complexos, sejam eles relacionados a sistemas naturais, artificiais ou semiartificiais, pois os fenômenos da auto-organização e da emergência não são específicos. Eles seguem a mesma lógica, seja qual for o sistema ou os detalhes de seus constituintes. Por essa razão, uma vez que haja comunicação entre as disciplinas, os resultados obtidos em um dado domínio podem contribuir para o desenvolvimentos nos demais.

Portanto, para resolver problemas complexos naturais, artificiais ou semiartificiais, precisamos encontrar o sutil equilíbrio entre *intervenção* e *auto-organização*, de forma a favorecer a emergência do resultado que nos interesse. Como dito anteriormente, o comportamento complexo dos sistemas está ligado à presença de laços de feedback. É justamente por meio deles que podemos alcançar nossos objetivos. Uma vez que o *feedback positivo* é responsável pela multiplicação dos efeitos, se conseguirmos encontrar os pontos em que ele atua, encontraremos também *pontos de alavancagem* – isto é, locais do sistema em que uma pequena ação (intervenção) provoca resultados amplificados. Da mesma forma, o *feedback negativo* nos é útil para estabelecer uma meta de desempenho para o sistema, tal qual nos ensina a cibernética.

Feedback negativo: meta de desempenho

Feedback positivo: pontos de alavancagem

Vale ressaltar, portanto, que a maneira mais fácil de solucionar problemas complexos é tirando partido da própria complexidade, intervindo de maneira a usar o potencial auto-organizador do sistema a nosso favor. Mas, para sermos capazes de fazer isso, precisamos conhecer profundamente a dinâmica de cada sistema específico. Assim, o conhecimento sobre auto-organização, emergência e complexidade em geral não substitui conhecimentos específicos e disciplinares.

A metodologia dos sistemas complexos

Entre os inúmeros sistemas complexos existentes ao nosso redor, é na natureza que observamos os mais flexíveis e os mais robustos. Isso se deve, em grande parte, à metodologia por meio da qual a natureza opera: a *evolução*. Sem projeto prévio, o processo de evolução permite que surjam sistemas cada vez mais complexos, capazes de se adaptar a ambientes em constante transformação. A evolução conta apenas com, de um lado, *pressões* ambientais que selecionam os comportamentos mais adequados a um dado ambiente e, de outro, sistemas capazes de *aprender*, reproduzindo tais comportamentos e ajustando-os geração após geração.

EVOLUÇÃO
A metodologia da natureza!

REPRODUÇÃO — **DIVERSIDADE** (variabilidade) — **PRESSÕES DE SELEÇÃO** (restrições) — **MEMÓRIA** (intermediários viáveis)

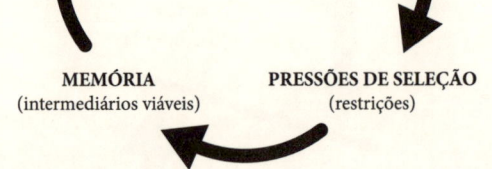

É por meio do *método evolutivo* que a auto-organização funciona, fornecendo a flexibilidade necessária para garantir maiores chances de sucesso em contextos imprevisíveis. Quanto mais complexo o *ambiente*, maior a variedade de pressões *de seleção*. Em contrapartida, quanto mais complexo um *sistema*, maior a variedade de comportamentos possíveis, levando a uma maior probabilidade de *adaptação*.

Ora, não é isso que buscamos quando pensamos em problemas complexos – flexibilidade para nos adaptar a contextos imprevisíveis? Então, por que não nos inspiramos na natureza e em seu método evolutivo para construir nossas metodologias de solução de problemas?

A metodologia dos sistemas complexos é aquela que procura intervir de maneira a favorecer a auto-organização e o processo evolutivo, mesmo em sistemas artificiais e semiartificiais. Nesse sentido, podemos apontar algumas etapas características desse tipo de metodologia, que muito se confundem com o próprio método científico.

Comecemos pela etapa de *observar a natureza*. É quando nos debruçamos sobre a realidade aparente e procuramos compreender seu funcionamento. A partir daí, começamos a *construir modelos*, recortando essa realidade e experimentando variadas representações à procura daquela que mais se adapta ao nosso propósito. Tomemos o exemplo de uma empresa cujo problema é o desempenho insatisfatório. Nessa etapa, devemos nos colocar de fora e observar a "natureza" daquele sistema, fazendo perguntas como: Em que ambiente atua? Quais são as principais pressões que sofre? Como é a sua estrutura? Quais são as características de seus integrantes e como eles se relacionam entre si? O número e o tipo de perguntas variam de acordo com o problema a ser estudado e com a experiência dos observadores. Um modelo é, portanto, um recorte subjetivo da realidade observada.

Considerando que muitas pessoas – em diferentes domínios e de forma independente – estão estudando inúmeras realidades complexas e construindo seus próprios modelos, é possível imaginar que, em um mundo hiperconectado, surgirão condições propícias à comparação entre os modelos. Vale ressaltar que modelos são instrumentos para análise, reflexão e também comunicação. Por isso, cada um deve escolher o formato de modelo que seja mais útil em seu caso. Há modelos esquemáticos, narrativos, numéricos etc., além de todas as combinações possíveis.

Nesse ponto, a comunicação interdisciplinar coloca frente a frente realidades aparentemente diversas, mas que, uma vez contextualizadas, apresentam padrões muito semelhantes. É assim que, por exemplo, a pesquisa epidemiológica pode se beneficiar dos modelos de propagação de modismos ou boatos, e vice-versa. Quando se utilizam modelos gráficos, é possível ver que a curva de propagação de um vírus tem um padrão muito semelhante à de um boato. Da mesma maneira, o desenvolvimento da computação e da inteligência artificial se alimenta dos conhecimentos da neurofisiologia. As redes neurais artificiais, por exemplo, são inspiradas na forma como os neurônios se conectam e processam informações no cérebro.

No entanto, mais do que metáforas inspiradoras, os estudos cruzados permitem a identificação de *isomorfismos*, os quais denotam a existência de sistemas com estruturas similares em diferentes domínios, permitindo o uso de modelos mais simples, que já tenham sido bem trabalhados em outras disciplinas. A partir daí, formulam-se hipóteses e simulações para testá-las, desenvolvendo os modelos originais e compartilhando resultados entre os diversos campos do conhecimento. Dessa forma, o conhecimento sobre uma epidemia pode ajudar a resolver um problema de publicidade. A própria expressão coloquial "viralizar" revela a semelhança de padrões de difusão de ideias e de viroses.

Aliás, não é coincidência que a palavra "meme", popularizada com as redes sociais, tenha sido cunhada por um zoólogo, ainda na década de 1980. Richard Dawkins, em seu livro *O gene egoísta*, propõe o termo "meme" para se referir à unidade básica de transmissão cultural, em analogia ao "gene" na transmissão biológica. Esse é um exemplo de *isomorfismo* entre sistemas culturais e biológicos, cuja evolução pode ser compreendida por um mesmo modelo conceitual, apesar das diferenças nos detalhes de cada mecanismo.

ETAPAS METODOLÓGICAS	
Observar a natureza	• realidade aparente
Construir modelos	• recortes da realidade
Comparar modelos	• isomorfismo
Contextualizar	
Identificar padrões	
Desenvolver hipóteses	
Simular/testar	
Rever modelos	

No entanto, para resolver problemas complexos, mais do que uma metodologia, nós precisamos, antes de tudo, compreender o que é um sistema complexo. Precisamos ter sempre em mente que não há um projeto prévio que determina exatamente a estrutura e o funcionamento do sistema. A impressão de propósito que a observação de um fenômeno emergente nos causa decorre da *convergência* causada pelas pressões de seleção impostas por um determinado ambiente. Por esse termo nos referimos às funções ou estruturas adaptativas que os sistemas desenvolvem como resposta às pressões a que são submetidos. Por exemplo, tubarões têm barbatanas porque vivem na água. Se seu ambiente fosse o ar, eles teriam asas, assim como as gaivotas.

Nesse sentido, o olho dos vertebrados, por exemplo, não foi projetado, mas evoluiu ao longo de bilhões de anos, a partir de formas intermediárias estáveis que favoreciam a adaptabilidade dos organismos e eram reproduzidas, com pequenas mutações, de geração a geração. O mesmo fenômeno também pode ser encontrado em sistemas culturais, quando determinada inovação tecnológica emerge. Por mais que, nesse caso, tenha havido literalmente um projeto, as ideias que permitiram ao inventor chegar àquela solução seguiram um caminho evolutivo em moldes muito semelhantes ao do olho, respondendo, de forma adaptativa, às pressões seletivas presentes no ambiente.

Igualmente importante é reconhecer que existem perspectivas diferentes entre observadores situados em *diferentes escalas*. Dificilmente se consegue ver, simultaneamente, as árvores e a floresta. Entretanto, ambos os níveis de complexidade são relevantes para compreender um sistema – e para agir sobre ele. Isso torna fundamental o diálogo entre os profissionais que focam cada nível, permitindo que sejam identificados tanto os comportamentos coletivos emergentes (visão macro) quanto as interações entre as partes que levaram ao surgimento daquele padrão (visão micro).

Finalmente, resolver problemas complexos implica compreender o balanceamento de *restrições e graus de liberdade* do sistema. É preciso experimentar intervenções no padrão de interações dentro do sistema, definindo que parte interage com qual. Não se deve, porém, esperar que o comportamento coletivo resultante seja exatamente o desejado. A principal lição que precisamos aprender é que um sistema complexo se *auto-organiza*, portanto, tem vida própria. Nossas intervenções são mais algumas restrições ou pressões além das tantas às quais o sistema deve responder. Dessa forma, precisamos, antes de qualquer coisa, respeitar a complexidade dos sistemas e sua capacidade adaptativa. Este livro sugere que *autonomia, cooperação, agregação* e *auto-organização* são os aspectos críticos do gerenciamento de uma organização que se pretende adaptativa. Portanto, o esforço dos gestores na criação de condições propícias para a emergência do desempenho desejado deve ser concentrado nessas quatro propriedades.

3
UM MODELO DE GESTÃO PELA AUTONOMIA

Você tem medo de perder o controle?

Há algum tempo os gestores vêm notando que o controle detalhado de suas organizações é impraticável. São tantas as variáveis e pessoas envolvidas que é impossível determinar, muito menos controlar, todas as interações e combinações possíveis. Nenhum líder humano seria capaz de cumprir esse papel de forma eficaz por muito tempo.

Por outro lado, vários indivíduos com características, competências e potencialidades diversas podem levar as organizações a desempenhos impressionantes. Isso significa que as organizações não precisam de uma entidade superior, que tudo planeja e controla, para prosperar. Nem mesmo é necessário ter visão de longo prazo, pois o futuro está sempre em aberto. Elas precisam, sim, de equipes atuando em um contexto que incentive a cooperação e a busca contínua por melhores resultados.

Como vimos, as empresas e as organizações humanas em geral são, de fato, complexas. Mais importante, elas são capazes de se *adaptar* ao ambiente. Contudo, elas só realizarão seu potencial adaptativo se houver condições propícias para se *auto-organizarem*. É preciso que as organizações ofereçam um contexto em que as pessoas possam agir com *autonomia* e de forma *cooperativa, agregando-se* e assumindo coletivamente propósitos e responsabilidades.

Não adianta insistir em controlar de cima algo que é essencialmente um *sistema complexo adaptativo*. É melhor tentar aprender maneiras de promover as *condições* que permitam que várias soluções emerjam e que as melhores delas sejam selecionadas e implementadas.

Nesse sentido, organizações capazes de se adaptar a ambientes dinâmicos não dependem de "líderes" que lhes apontem o caminho. O fundamental é que elas contem com "gestores" que tenham a competência para "gestar" equipes auto-organizadoras. Vale notar que as palavras *gestor* e *gerir* se originam do verbo *gerere*, que em latim significa fazer ou empreender algo, mas que também está na raiz de *gestação* e *gerar*. A seguir são apresentadas as linhas gerais de como *gestar* e *gerir* uma organização adaptativa.

Organizações adaptativas

Organizações humanas são compostas por indivíduos movidos por seus próprios interesses e visões de mundo. Eles respondem a uma infinidade de situações das mais diversas, orientados por algumas poucas regras (incluindo interesses e valores), e ajustam suas ações de acordo com o que esperam (objetivo) e o que percebem (feedback) do ambiente à sua volta.

Em uma *organização adaptativa*, grande parte do feedback que os indivíduos recebem reflete os efeitos do conjunto de suas ações sobre o desempenho coletivo. Portanto, além de observar os resultados locais e diretos de suas ações, cada pessoa tem acesso a informações sobre o resultado global emergente e, assim, pode ajustar seu comportamento individual no futuro. Como o bem da organização é de interesse de todos os integrantes, ao agir cooperativamente, o indivíduo está agindo em benefício próprio.

Isso significa que desempenhos globais satisfatórios podem emergir das ações de indivíduos que visam seu próprio interesse – mesmo que tenham apenas informações limitadas –, sem que seja necessário planejamento e controle centrais detalhados.

Além disso, organizações adaptativas contam com mecanismos de *memória* que garantem sua longevidade, ainda que suas estruturas estejam em constante renovação, com um fluxo constante de pessoas chegando e partindo. A sobrevivência da organização não depende da presença de indivíduos em particular. *Visões, valores* e *padrões de tomada de decisão* são armazenados em imagens e histórias preservadas e compartilhadas continuamente por seus integrantes. Assim, a identidade de uma organização está em *um padrão coerente de comportamento ao longo de sua história*. O que usualmente chamamos de "cultura organizacional" funciona como um mecanismo de memória do sistema.

Vale notar que um fator decisivo na evolução tanto biológica quanto cultural não é a competição, mas a capacidade de *reprodução*. Dessa forma, além de registrada em documentos e ritos, linguagem e gestos, a identidade de uma organização adaptativa precisa ser transmitida de geração a geração. As organizações capazes de fazer com que suas ideias se reproduzam – retransmitindo seus valores, padrões de tomada de decisão, de relacionamentos, de comunicação etc. – estarão mais aptas a sobreviver e a perdurar.

Autonomia nas organizações

Estabelecer *objetivos* – não tarefas!

Isso é o que gestores de uma *organização adaptativa* fazem. Cabe à equipe e a seus integrantes desdobrar os objetivos coletivos em processos necessários para alcançá-los. O papel do gestor é, portanto, *cuidar* do ambiente e das pessoas para que elas gerem, com *autonomia*, os resultados almejados.

O que significa "autonomia" nesse contexto?

Autonomia indica, simplesmente, que cada indivíduo está usando sua própria capacidade de julgamento para decidir como agir.

Na prática, contudo, não há a possibilidade de autonomia absoluta, pois ela é sempre limitada a uma esfera de competência. O grau de autonomia que uma pessoa pode assumir – sem que prejudique seu desempenho ou o da organização – está associado, por um lado, ao seu acesso a informações relevantes e, por outro, ao seu nível de responsabilidade. Quanto ela é capaz de julgar adequadamente o que fazer depende tanto de restrições internas, tais como suas experiências e sua capacidade de aprendizado, quanto de externas, ligadas à estrutura de autoridade.

Vale lembrar que se autonomia pressupõe *capacidade de julgamento*, tudo que restringir essa capacidade estará também limitando a autonomia. Portanto, podemos dizer que cada indivíduo é autônomo dentro de um universo de ação que lhe seja possível julgar com competência. Se por qualquer razão lhe falta informação, habilidade para discernir ou mesmo interesse em decidir, é sinal de que o limite da sua autonomia foi atingido, e, a partir daí, as ações deverão ser orientadas por outros indivíduos, em um outro nível na hierarquia organizacional.

Apesar de seus limites, a autonomia dos indivíduos pode ser bastante vantajosa para a capacidade de adaptação de uma organização. Ela tende a conferir flexibilidade e robustez em relação às perturbações externas. Quando os membros de uma equipe agem de forma autônoma, eles tendem a explorar diferentes caminhos possíveis. Dessa forma, inventam soluções diversas, que podem ser implementadas e recombinadas para aplicação em novos problemas.

Além disso, a variedade de soluções decorrentes das ações e decisões de diversas pessoas agindo segundo seus próprios julgamentos protege a organização da rigidez causada pela presença de *indivíduos influentes*. Faz parte de nossa natureza como seres humanos ser diferentes, inclusive em nossa capacidade de influenciar os demais. Contudo, não necessariamente o poder de influência está correlacionado à competência em todos os domínios. O modelo clássico de gestão, que institucionaliza um padrão predeterminado de interações, aceita como legítimos apenas fluxos unidirecionais de comunicação. É o caso do anedótico "manda quem pode, obedece quem tem juízo".

No modelo clássico, somente os gestores têm voz. Cabe a eles, idealmente, determinar o que precisa ser feito e, aos demais, realizar as tarefas e prestar contas delas. Tal estrutura – baseada em relações rígidas e tomada de decisão concentrada no topo – dificulta a resposta adequada às pressões do ambiente. Ainda que "influentes" por posição ou por estilo, os poucos indivíduos que concentram as decisões não têm tanta capacidade para interpretar os sinais do ambiente quanto os que estão na linha de frente. O resultado, teoricamente, é um sistema rígido, que não é capaz de agir de outra forma que não a estabelecida originalmente.

No modelo de gestão baseado na teoria da complexidade, as ações das várias pessoas funcionam como estímulo e restrição mútuos, influenciando e selecionando novas decisões. O convívio entre indivíduos autônomos permite o aparecimento do que poderia ser chamado de "mutações de ideias". Em analogia com as mutações genéticas, elas aumentam a diversidade e as chances de geração de alternativas viáveis. A autonomia garante a geração de ideias novas como candidatas a melhores soluções em contextos de mudança acelerada.

Cooperação e trabalho em equipe

Sob as condições certas, a *cooperação* é mais eficaz do que a competição para alcançar objetivos individuais. Isso explica por que sistemas tão complexos como as organizações – e mesmo as civilizações – evoluíram, apesar de serem formadas por indivíduos, na maior parte do tempo, egoístas. Mas que condições são essas que incentivam as pessoas a cooperar, mesmo sem ser obrigadas?

Essa pergunta é essencial quando pensamos em trabalho em equipe.

A cooperação tende a surgir sempre que ela pode trazer, para o indivíduo, maiores benefícios do que a indiferença ou a competição. Essa afirmação parece evidente, mas não ajuda muito se o interesse é promover a cooperação no ambiente de trabalho. Precisamos entender o mecanismo. Como indivíduos egoístas decidem cooperar?

Há algumas décadas, o cientista político e estudioso da complexidade Robert Axelrod desenvolveu uma teoria para explicar a evolução da cooperação. Usando a teoria dos jogos combinada com simulações computacionais, ele chegou à conclusão de que o comportamento mais benéfico para um indivíduo é o seguinte:

Sempre cooperar no primeiro encontro e, a partir de então, retribuir a última ação do outro. Isto é, se no encontro imediatamente anterior o outro cooperou, neste ele coopera. Mas se o outro não cooperou, ele deve retaliar.

Os principais aspectos que definem o comportamento identificado por Axelrod como o mais benéfico podem ser interpretados assim:
- *Bondade* – sempre cooperando no primeiro encontro.
- *Reciprocidade* – o sujeito coopera ou se opõe, dependendo da atitude do outro.
- *Perdão* – o sujeito retribui um ato de cooperação, mesmo que haja uma história de oposições no passado.

- *Clareza* – a estratégia seguida é tão simples e consistente que logo fica claro para os outros indivíduos qual será sua próxima atitude.

Esse estudo chegou à seguinte conclusão: caso o indivíduo tenha a certeza de que nunca mais encontrará os outros, a melhor estratégia é sempre se opor e nunca cooperar. Contudo, se a probabilidade de os mesmos indivíduos se encontrarem no futuro for grande, valerá a pena cooperar, desde que o outro também coopere. Portanto, a *reciprocidade* é a melhor estratégia no caso de interações recorrentes.

Assim, quando houver o intuito de criar condições para que a cooperação emerja, a primeira coisa a ser feita é *tornar o futuro mais importante que o presente*. Quando um próximo encontro é improvável, é muito difícil que os indivíduos cooperem. Se não houver restrições morais, eles tenderão a se aproveitar da situação e a explorar um ao outro. Quando o futuro não tem importância, vale mais a pena se opor prontamente, evitando a hipótese de o outro não cooperar. Esperar recompensa pela cooperação mútua seria uma atitude muito arriscada. Por outro lado, quando se sabe que haverá muitas interações entre os mesmos indivíduos, a ameaça de retaliação tende a favorecer atitudes cooperativas. Por isso Axelrod afirma que "a base da cooperação não é realmente a confiança, mas a durabilidade das relações"[35].

Contudo, também é necessário que haja pelo menos um pequeno número de indivíduos dispostos a retribuir o primeiro gesto de generosidade. A partir daí, o nível global de cooperação tende a crescer, pela própria dinâmica do processo de evolução. Afinal, tudo aquilo que é bem-sucedido tende a aparecer com maior frequência no futuro. Numa organização, os gestores podem representar esse grupo.

Além da atitude dos próprios gestores, o trabalho em equipe nas organizações acaba por criar condições para a cooperação. A convivência regular permite que os colaboradores reconheçam mutuamente os padrões de comportamento, mantendo na memória atitudes cooperativas ou de oposição. Condições para a estabilização de um padrão cooperativo na organização surgem quando os indivíduos são capazes de reconhecer as estratégias daqueles

---

[35] Axelrod, R. *The Evolution of Cooperation*. London: Penguin Books, 1990.

ao seu redor e de, a partir daí, ajustar suas próprias estratégias, de forma que o resultado seja benéfico para todos.

Nesse modelo, outro requisito para a cooperação autônoma é a *reciprocidade*. Isso é algo que só pode existir entre indivíduos cujas relações entre si sejam relativamente *simétricas*. Caso contrário, a única alternativa razoável para aquele que possui menos poder é cooperar. Para ele, retribuir uma oposição não é uma possibilidade real, visto que tal atitude o levaria a amargar infindáveis punições.

Embora calcada numa abordagem de ganhos mútuos, a organização do trabalho em equipes autônomas e cooperativas não impede que haja dificuldades ou conflitos, dilemas que não são raros. Tem sido cada vez mais difícil conquistar, através dos mecanismos tradicionais, o comprometimento de jovens educados e que alimentam expectativas em torno de suas vidas muito mais amplas que as dos profissionais de gerações anteriores. O trabalho não é mais o centro de sua identidade, mas apenas um de seus aspectos, que, como os outros, deve servir para enriquecer sua existência. A todo instante, os indivíduos realizam no seu íntimo um balanço de ganhos e perdas. Em função dessa análise, cada um decide até que ponto vale a pena cooperar ou "vestir a camisa". É justamente a busca de resultados gratificantes para todos os lados que faz da cooperação um processo vantajoso, apesar dos dilemas envolvidos.

Criando competência de grupo

Fazer parte de uma equipe significa pagar o preço da dependência mútua.

Agregação envolve risco. Quanto maior a interdependência, maior o risco. Daí o dilema da cooperação. Há sempre a possibilidade do outro não cooperar. O sucesso de uma equipe, portanto, depende da existência de condições que permitam que seus componentes desenvolvam mutuamente a confiança de que podem cooperar.

Ao se agregar, o indivíduo passa a apresentar um comportamento distinto daquele que teria se agisse sozinho. Ele entra em coevolução com os demais membros. A atitude de um restringe e estimula a do outro, moldando um padrão de comportamento que se torna característico daquela equipe. O resultado não depende mais unicamente de seus atos.

Ele é função dos movimentos de um todo do qual também faz parte, mas sobre o qual não tem controle.

O indivíduo passa a valorizar o grupo que o ajuda, desejando contribuir para as tarefas do grupo, até mesmo tomando-as como próprias. Nesse momento, é possível dizer que houve, de fato, agregação. Mais do que retribuir a cooperação, o indivíduo vincula o destino do grupo aos seus próprios atos.

O agregado, seja ele um grupo, seja uma equipe ou uma organização em geral, possui uma identidade própria, distinta dos seus integrantes. Internamente surgem especializações, e a consequente diferenciação resulta na definição de papéis. Aliás, é graças ao sistema de papéis emergente que um agregado se torna um sistema organizado, uma organização propriamente dita. Estando associado a um padrão de comportamento, o papel permite uma certa previsibilidade nas ações de cada indivíduo. A possibilidade de uma expectativa estável quanto ao comportamento do outro é um requisito para a emergência de ordem no grupo.

O mais importante quando consideramos o fenômeno da agregação é o seu poder de criar a competência do grupo. Quando indivíduos dispersos cooperam para realizar seus objetivos individuais, o que está em ação é a soma de suas competências. Entretanto, quando eles se agregam em torno de um objetivo comum, formam-se relações duradouras, que não só favorecem a cooperação entre eles, como permitem que suas habilidades e conhecimentos sejam compartilhados e enriquecidos. Emerge assim uma competência do grupo, a qual é maior que a soma das competências individuais.

Nas empresas nascentes é mais fácil observar os processos de diferenciação e especialização. Imaginemos que todos os primeiros integrantes do empreendimento tenham as mesmas potencialidades. Conforme o projeto vai se desenvolvendo, seu propósito original se desdobra em metas operacionais que são distribuídas pelos vários indivíduos. Ao assumir determinada meta, um indivíduo em particular passa a ficar exposto a certos tipos de situações e a interagir com o ambiente de maneiras diversas daqueles outros que perseguem metas distintas. Aquele cuja meta é vender, por exemplo, se adaptará desenvolvendo habilidades e comportamentos compatíveis com as pressões que sofre dos clientes e concorrentes, as quais são consideravelmente diferentes daquelas enfrentadas por seu colega que tem o desafio de produzir.

Com o tempo, esses indivíduos diferenciados se unem a seus semelhantes ou se multiplicam através de contratação com base naquele perfil. Por exemplo, todas as pessoas dentro da *startup* que acabaram desenvolvendo habilidades comerciais se unem entre si ou contratam outras pessoas com essas habilidades no mercado, criando, assim, a equipe de vendas da empresa. Ao se unirem, os indivíduos formam setores que podem também passar por processos de diferenciação interna, fazendo surgir departamentos, e assim por diante. Emerge, então, um sistema de grande complexidade, cuja capacidade de se manter e evoluir será avaliada por seu desempenho diante das pressões seletivas impostas pelo ambiente de negócios.

Relembrando, cada agregado tem uma identidade própria – definida basicamente por seus objetivos e competências – e atua autonomamente. Ainda assim, estão intimamente ligados a outros agregados, formando uma rede, a qual, por sua vez, forma um agregado em nível de organização superior. Isso tudo emerge de um processo de *auto-organização*.

Direção e auto-organização

Então, como os indivíduos são capazes de aprender e se adaptar a novas circunstâncias? Mais ainda, como as ações e interações individuais repercutem no desempenho global da organização?

Para ajudar a prever o futuro e orientar a ação, as pessoas recorrem a *modelos externos* variados, de simulações computacionais até bolas de cristal. Mesmo assim, os *modelos internos* estão sempre presentes. Estes estão ligados à capacidade humana de identificar padrões, memorizá-los e ajustá-los a novas experiências.

Ao receber sinais do ambiente, o indivíduo vai identificando certos padrões e formando em sua mente um modelo da realidade que observa. Quando encontra um padrão semelhante, ele atualiza o modelo, relacionando fatos e consequências. As interpretações da realidade, implícita ou explicitamente, dão origem aos modelos que orientam as ações do indivíduo. Aqueles que são mais eficazes para a previsão das consequências de uma decisão são selecionados e favorecidos no processo de *aprendizado*, enquanto os ineficazes são abandonados. Assim, os modelos mentais se adaptam e evoluem.

Um modelo só pode ser útil se houver algum tipo de repetição das situações experienciadas. Embora na prática dificilmente uma situação se repete em todos os detalhes, certos aspectos dela podem ser recorrentes. A mente humana consegue quebrar uma cena complexa em vários elementos que, apesar de nunca terem estado combinados daquela forma, já foram vistos antes. A experiência prévia com esses elementos orienta, portanto, a ação em situações novas e complexas. Isso acontece, por exemplo, quando visitamos pela primeira vez uma cidade. Mesmo nunca tendo estado lá, nós somos capazes de, rapidamente, identificar e interpretar diversos elementos da cena, como ruas, lojas, casas, carros e pessoas. Eles formam padrões suficientemente familiares para nos permitir navegar naquele ambiente.

A habilidade de indivíduos e organizações para lidar com a mudança está relacionada com o repertório de modelos e com a capacidade de recombiná-los em novos modelos úteis. Entretanto, muitas vezes o ambiente não responde instantaneamente, sendo o resultado da ação visível apenas muito tempo depois. Isso faz com que a avaliação da utilidade dos modelos seja feita com base em uma *estimativa das recompensas futuras*, e não no desempenho passado. Mais ainda, no mundo real, muitos modelos são utilizados simultaneamente, aumentando a complexidade do problema e tornando mais difícil relacionar causas com consequências.

Cada indivíduo aprende, se adapta e evolui de acordo com sua interpretação do ambiente e com as ações que lhe são possíveis para alcançar seus objetivos. A seleção de modelos se dá em função de seus interesses e de sua expectativa com relação às recompensas. Isto é, ele é movido por critérios pessoais. Então, como uma organização complexa pode se adaptar e evoluir se seu desempenho depende da atuação de inúmeros integrantes, cada um seguindo sua própria percepção?

Considerando que as organizações são *sistemas semiartificiais*, devemos reconhecer que *direção* e *auto-organização* coexistem. Embora não seja possível determinar ou prever em detalhes o desempenho global de uma organização, há maneiras de influenciá-lo. Se imaginarmos que toda organização complexa é no fundo uma estrutura em *rede*, veremos que seu desempenho é afetado não só pelos *atributos* de seus componentes, mas também pelas *relações* entre eles.

Os gestores podem favorecer um desempenho global benéfico, incentivando relações de *reciprocidade* em um ambiente de *crenças e valores compartilhados*. Indivíduos engajados numa mesma forma de socialização podem exercer, de maneira distribuída, a função de controle e de direção na rede. Nesta, o controle das ações e dos desempenhos individuais se dá pelos próprios pares.

Contudo, para que a força coordenativa da reciprocidade possa atuar, o tamanho da equipe não deve ser tão grande a ponto de a contribuição do indivíduo passar despercebida. A ação recíproca funciona como mecanismo de feedback a respeito de um determinado comportamento. Portanto, deve ser específica, isto é, não pode deixar dúvidas quanto a que comportamento está sendo valorizado ou rejeitado.

Daí a importância dos mecanismos de *comunicação*. Nesse sentido, a tecnologia desempenha um papel de destaque no que se refere a influenciar as relações em uma organização. As *tecnologias de informação* em todas as suas formas são os exemplos claros, uma vez que viabilizam as interações, vencendo inclusive as restrições espaciais. Os impactos da escolha de uma trajetória tecnológica manifestam-se no desempenho global do sistema, não apenas por sua eficiência direta na geração de valor, mas também na própria estrutura humana que a suporta.

A possibilidade de uma organização se auto-organizar está intimamente relacionada à comunicação de seus integrantes entre si e com o ambiente. O retorno da informação sobre os resultados de suas ações permite que eles ajustem continuamente seus comportamentos, mesmo que eles não tenham ciência do fenômeno da auto-organização.

Um modo de gerir

Enfim, para gestar e gerir uma *organização adaptativa* é essencial ter em mente como a *autonomia individual* leva à *auto-organização sistêmica*.

Indivíduos que exercem sua *autonomia*, sendo capazes de aprender e de se adaptar às circunstâncias, *cooperam* entre si, obtendo vantagens. Por ser benéfico para os envolvidos, tal comportamento tende a ser selecionado e reproduzido. A depender das condições, as interações entre esses indivíduos cooperativos se tornam tão intensas, a ponto de eles se unirem formando um *agregado*, o qual adquire uma identidade própria – com interesses e padrões de ação característicos.

Vários agregados *cooperam* entre si, e o resultado é a formação de novos agregados em níveis sucessivos de complexidade organizacional. Diz-se, então, que o sistema resultante se *auto-organiza*, fazendo emergir uma organização propriamente dita, cujo desempenho global se adapta espontaneamente ao ambiente.

Tudo isso acontece sem a necessidade de planejamento ou controle externos. Isso não significa que não haja direção. O que ocorre é que essas funções são exercidas autonomamente dentro de cada nível de organização. Isto é, planejamento e controle são responsabilidades das próprias unidades, sejam elas equipes ou agregados mais complexos. Cabe ao nível superior apenas estabelecer regras gerais que facilitem a coordenação das ações das várias unidades autônomas. A título de ilustração, imagine a economia do país como sendo o sistema em questão. As várias empresas seriam agregados autônomos cuja interação seria coordenada por regulamentos e metas estabelecidas pelo governo. Entretanto, não caberia ao governo, nesse exemplo, determinar ou controlar como cada empresa opera internamente.

Esse modo de gerir uma organização para que ela realize seu potencial adaptativo está baseado em quatro princípios: *autonomia*, *cooperação*, *agregação* e *auto-organização*.

Princípio 1: *Autonomia*

Ao exercerem sua autonomia, os colaboradores tornam-se tomadores de decisão. Eles se orientam por sua própria capacidade de julgamento a respeito do que percebem do ambiente a seu redor.

Ações dos gestores: 1) Estimular e legitimar a ação autônoma responsável; 2) Investir na melhoria da capacidade de julgamento dos colaboradores (ex.: treinamento, estágios em outras áreas, incentivo à leitura, à educação etc.).

Princípio 2: *Cooperação*

Um padrão de relações colaborativas emerge internamente, sem a necessidade de mecanismos autoritários. Assim, o conhecimento disperso é recombinado e multiplicado, favorecendo a melhoria do desempenho do grupo. Os resultados retornam, então, como benefício para os indivíduos.

Ações dos gestores: 1) Criar situações para que os colaboradores interajam entre si de forma continuada e frequente, fazendo com que esperem que interações futuras sejam muito prováveis; 2) Incentivar o reconhecimento mútuo, de forma que os colaboradores se lembrem da *história das interações* anteriores (ex.: evitar rotatividade na equipe); 3) Estimular as relações entre os colaboradores de uma mesma equipe de forma que sejam suficientemente *simétricas*, de maneira a permitir o exercício da *reciprocidade* (apesar das diferentes competências e especializações, passar a mensagem de que todos os colaboradores têm valor e poder equivalentes dentro da equipe).

Princípio 3: *Agregação*

Um agregado deve reconhecer, atrair e manter talentos, tanto quanto descontinuar antigas relações que não sejam mais benéficas. Dentro dos limites do agregado – equipe, setor, departamento etc. –, os indivíduos têm *autonomia para se organizar*, para definir mutuamente suas funções e para atrair, selecionar e desligar seus pares. A partir das informações sobre os propósitos organizacionais, cada agregado organiza-se internamente para contribuir com suas funções. Ele faz isso através de um processo de *especialização* e *colaboração* internas.

Ações dos gestores: 1) Funcionar como o ponto de contato "oficial" com os níveis organizacionais superiores; 2) Traduzir os objetivos corporativos em metas coletivas para sua equipe; 3) Esclarecer os prováveis impactos e implicações do desempenho global para as atividades específicas de sua equipe (compartilhar seu conhecimento sobre os "porquês" e facilitar a compreensão de feedbacks*)*.

Princípio 4: *Auto-organização*

A auto-organização fornece adaptabilidade às organizações ao permitir que elas deixem de depender de autoridades que, supostamente, determinariam todas as decisões. Empresas e organizações que se auto--organizam respondem a mudanças de forma mais eficaz, porque o que orienta a ação de cada colaborador no dia a dia são algumas poucas regras simples e locais. Em vez de aguardar uma cascata de ordens, eles agem autonomamente, refletindo sobre os resultados obtidos e os objetivos a serem perseguidos.

Ações dos gestores: 1) Criar mecanismos eficientes de *comunicação* para que os resultados sejam reportados aos colaboradores e para que estes sejam capazes de compreendê-los e de ajustar seus comportamentos e ações; 2) Garantir a *legitimidade da autonomia* dos colaboradores.

Seguindo esses princípios e estabelecendo uma estrutura mínima – composta por *valores, regras de conduta* e *padrões de relações e de tomada de decisão* –, os gestores podem criar condições propícias para a geração de organizações que melhor se adaptem a transformações presentes e futuras.

Segundo a tese da "modernização reflexiva" discutida anteriormente, a sociedade contemporânea encontra-se em uma situação na qual ambas as condições para a auto-organização – autonomia e retroalimentação – mostram-se presentes. O conhecimento leva a uma progressiva emancipação dos indivíduos em relação a determinações externas e a destinos previamente traçados. Isso torna-os cada vez mais autônomos, uma vez que a ação reflexiva envolve decidir entre alternativas, seguindo seu próprio julgamento. Como resultado, as próprias estruturas são transformadas.

A principal tarefa da gestão é estabelecer um rumo para a organização, de acordo com o interesse dos indivíduos que ela representa. Isso permanece válido, independentemente da imagem de organização que tenhamos em mente: a organização como mecanismo ou como organismo vivo. O que um modelo de gestão inspirado nas ciências da complexidade tem de particular é a consciência da impossibilidade da "determinação absoluta", no que diz respeito ao destino da organização.

A visão de mundo complexa ressalta um ambiente em que os indivíduos em todos os níveis – na família, nas organizações, na sociedade, no ecossistema global – estão mergulhados em uma infinita rede de interdependências e que, a todo instante, cada um está fazendo escolhas que poderão repercutir nas condições futuras daquele ambiente, influenciando circularmente todos os envolvidos.

Este livro defende, então, uma abordagem gerencial que resulta da ligação entre conhecimentos relativos à complexidade e de reflexões a respeito das transformações presentes nas organizações contemporâneas[36]. Tal abordagem – que pode ser considerada como uma forma de gerenciar a autonomia – tem como princípios fundamentais a ideia de autonomia e a potencialização da capacidade de monitoramento reflexivo que os seres humanos possuem.

O *princípio da autonomia* estabelece que uma parcela maior dos membros da organização, antes simples executores de ordens, seja incluída no papel de tomadores de decisão. A cada indivíduo, não importando a função que exerça na organização, é permitido que tome decisões segundo sua própria capacidade de julgamento a respeito das condições percebidas a seu redor.

Gestores na modernidade reflexiva precisam aprender a lidar com um tipo de indivíduo que, embora inadequado às circunstâncias da produção taylorista, é cada vez mais comum e necessário para as organizações contemporâneas. Referindo-se ao trabalho industrial há um século, Taylor afirmava que "um homem de reações vivas e inteligentes é, por isso mesmo, inteiramente impróprio para tarefa tão monótona"[37]. Esse tipo de homem é igualmente impróprio para responder às estratégias motivacionais clássicas, baseadas em alguma combinação de punição e recompensa (tal qual se faz no treinamento de animais). Uma alternativa surge, porém, quando consideramos a conclusão de alguns estudos em psicologia da motivação.

> A hipótese, portanto, é de que qualquer ocorrência que diminua a sensação de autonomia das pessoas, que as faz se sentirem controladas, deve diminuir sua motivação intrínseca e bem provavelmente ter outras consequências negativas[38].

Tomando-se como hipótese que a autonomia seja um *motivador intrínseco*, ela pode ser capaz de estimular indivíduos provenientes da nova classe média. Assim, a *autonomia* – uma das bases do funcionamento

---
[36] Agostinho, 2003.
[37] Taylor, 1992, p. 53.
[38] Deci; Flaste, 1998, p. 40.

dos sistemas complexos adaptativos – pode tornar anacrônico o esforço administrativo para motivar as pessoas. Isso porque as organizações que legitimam a ação autônoma de seus colaboradores terão mais chances de "conquistá-los", sem que precisem recorrer aos mecanismos motivacionais convencionais – nem sempre eficazes para o trabalho intelectual e criativo.

É importante lembrar, contudo, que não deve haver autonomia absoluta. Considerando que uma organização é um sistema intencional – criado para a realização eficiente de um certo conjunto de fins –, o grau de autonomia de cada indivíduo deve estar relacionado ao seu *limite de competência*. Em outras palavras, sua autonomia deve estar limitada a um universo de ação em que lhe seja possível julgar com competência.

Em uma organização, em geral, o universo de ação autônoma de cada um depende do papel que desempenha e das responsabilidades que lhe cabem. Por estarem relacionados ao seu nível de exposição ao ambiente, o papel e as responsabilidades de um indivíduo servem de indicativo de seu potencial de acesso às informações e da possibilidade de utilização desse conhecimento para ampliar os limites de sua razão, melhorando sua capacidade de julgamento. Da mesma forma, como já mencionado, não podemos pensar em competência absoluta, já que todo ser humano é limitado em sua racionalidade.

Apesar do desafio de mantermos o sutil equilíbrio entre autonomia e competência, o relaxamento do clássico controle hierárquico traz grandes vantagens para a organização. A primeira delas é a *adaptabilidade*. Uma estrutura baseada na ação de equipes formadas por indivíduos autônomos e com grande capacidade de automonitoração permite uma redução do número de pessoas em comparação às estruturas hierárquicas, principalmente em cargos intermediários de comando.

Ademais, uma estrutura baseada em equipes autônomas promove a intensificação das relações entre as pessoas, dentro e fora de cada equipe. Isso favorece a velocidade e a qualidade das informações compartilhadas, o que torna o processo decisório mais ágil. Consequentemente, aumenta a capacidade de resposta da organização às mudanças.

A maior adaptabilidade da organização também está ligada à maior velocidade de aprendizado conseguida quando se incentiva a autonomia. Quando é permitido ao indivíduo colocar seu julgamento em ação, estimula-se sua capacidade de observar as consequências de seu comportamento. Isto é, quando ele é autônomo, tem a chance de ajustar melhor seus atos para atingir os propósitos desejados. A possibilidade, na prática cotidiana, de testar a eficácia de suas ações contribui para aumentar a velocidade de aprendizado, tanto individual quanto organizacional.

Por meio da interação de indivíduos autônomos, entre si e com o ambiente, é construído um saber global que é a combinação dos saberes locais, que se influenciam mutuamente. Esse é um resultado diferente do alcançado pela administração científica clássica, que, ao procurar aumentar individualmente a eficiência, alcança no máximo a soma dos saberes individuais localizados. Esse processo de construção do saber, que poderíamos chamar de *capacidade de aprendizado emergente*, talvez seja o principal responsável pelo poder de resposta da organização às pressões do ambiente.

Além disso, a autonomia permite a criatividade, aumentando a probabilidade de geração de ideias novas. Dessa forma, novas soluções são inventadas, aperfeiçoadas e reproduzidas a todo instante, aumentando a diversidade de possibilidades a serem testadas. A seleção das soluções está baseada em grande parte no teste de ações passadas, o qual é realizado tanto pelo próprio indivíduo que elaborou a ideia em seu formato final quanto pelas ações e julgamentos de seus pares. Assim, as decisões são corrigidas com base nas perspectivas de um conjunto de indivíduos, o que tende a reduzir consideravelmente a propagação de erros. Dizemos, então, que a autonomia é *erro-supressora*.

Ao contrário das estruturas rigidamente hierárquicas, outra grande vantagem dos modelos organizacionais baseados na autonomia é que eles são capazes de fazer com que o conflito seja resolvido local e imediatamente, evitando que tome maior vulto. As discórdias podem ser logo tratadas por aqueles diretamente envolvidos, impedindo que seus efeitos se difundam pela rede organizacional. Caso contrário, poderiam contagiar outros indivíduos e dificultar o restabelecimento da *cooperação*. A aproximação da origem do conflito torna mais fácil contar com a confiança mútua para resolvê-lo.

O alcance dos benefícios da autonomia para uma organização depende, entretanto, do respeito ao *princípio da auto-organização*, pois ele reflete a importância de potencializarmos a capacidade humana de monitoramento reflexivo. Esse princípio estabelece que a direção da organização precisa garantir que o resultado das ações – individuais e coletivas – seja reportado aos indivíduos e que estes sejam capazes de compreendê-lo e de ajustar seus comportamentos. Para isso, é necessário fomentar a geração de mecanismos eficientes de feedback e garantir que a autonomia dos indivíduos seja legitimamente reconhecida.

A comunicação franqueada, intensa e efetiva, é condição fundamental para que a organização possa ser autoconduzida, sem a necessidade de determinação de autoridades externas. Uma vez que haja uma *estrutura mínima* – composta por regras de conduta, procedimentos gerais, objetivos globais e um padrão de relações –, cada indivíduo nos diversos níveis de decisão de uma organização pode orientar suas ações a partir de seu próprio julgamento.

No entanto, a qualidade desse julgamento e a consequente efetividade da ação dependem da habilidade do indivíduo para captar os sinais de seu ambiente imediato – o qual é influenciado pelas ações e atitudes dos demais indivíduos – e para agir reflexivamente sobre os resultados passados. Assim sendo, a eficácia dos mecanismos de *comunicação* é fator determinante para que as percepções individuais se integrem, fornecendo um retrato o mais completo possível da realidade a que a organização está exposta.

Considerando a importância da comunicação e do uso da linguagem para o monitoramento reflexivo, a *argumentação* é o principal instrumento utilizado em um modelo de gestão pela complexidade[39]. É através desse processo de apelo ao raciocínio que os gestores influenciam a ação. Em outras palavras, em vez de restringir o acesso à informação, como costuma ocorrer na gestão tradicional, a nova abordagem vale-se justamente do contrário: da informação compartilhada e do apelo ao julgamento, orientando o comportamento do outro por meio da persuasão.

Dessa forma, responsabilidades pelas decisões podem ser compartilhadas, uma vez que, sendo autônomos, os indivíduos podem responder por suas ações, por suas escolhas. Cabe aos gestores, então, traduzir objetivos e restrições para os demais membros da organização, discutindo seus desdobramentos, sempre favorecendo a integração interna.

---

[39] Agostinho, 2003.

4
COMO CIENTISTAS GEREM SEUS NEGÓCIOS: O CASO DA BIOTECNOLOGIA

A modernidade reflexiva viu nascer um novo tipo de indivíduo, mais escolarizado e conectado aos vários fluxos de informação que surgiram e se intensificaram nas últimas décadas. Desse contexto, além de consumidores mais exigentes, emergiu um novo tipo de trabalhador, que, mesmo não fazendo parte das elites culturais tradicionais, pode ser considerado "intelectualizado"[40]. Em razão de sua habilidade de acessar a informação, ele passou a ter contato com conhecimentos antes restritos a especialistas.

Como resultado, grande parte dos gestores atualmente tem o desafio de lidar com colaboradores que compartilham muitos aspectos característicos dos cientistas. Os próprios gestores tendem a sentir e a se comportar como os cientistas o fazem. A *curiosidade*, a *aversão ao tédio intelectual* e a *necessidade de novos desafios* são sentimentos que muito se parecem com a inquietação típica de cientistas. Apesar das grandes diferenças que permanecem entre os que tiveram uma formação universitária mais prática e os que se dedicaram à carreira científica, o paralelo é válido. Por essa razão, é útil que os gestores tenham uma ideia de como os cientistas se comportam quando entram no mundo dos negócios.

---

[40] **Trabalhadores intelectualizados** – termo usado para diferenciar esses trabalhadores daqueles que executam tarefas repetitivas, manuais ou administrativas.

Este capítulo apresenta o resultado de uma pesquisa realizada na década de 1990, na então nascente indústria biotecnológica do Brasil. Entre aqueles que se dedicam às ciências da natureza, os biólogos e os químicos são provavelmente os mais preparados para lidar com sistemas complexos. Afinal, desde os primeiros anos de faculdade eles aprendem sobre sistemas e equações não lineares. Contudo, até que ponto eles são capazes de aplicar tais conhecimentos a sistemas semiartificiais, como as organizações? Como cientistas gerem seus negócios? O que gestores não cientistas podem aprender com esses exemplos?

Biotecnologia: complexidade na ciência e nos negócios

A biotecnologia começou a ganhar notoriedade na década de 1970, quando muitos desenvolvimentos foram realizados sobre as técnicas de manipulação do material genético, o que se caracterizou como o surgimento da engenharia genética. Com grande potencial de aplicação aos processos biológicos tradicionais, as novas biotecnologias poderiam, assim, ser consideradas um importante fator na modernização de vários setores da economia. A biotecnologia passou, então, a ser citada como uma das maiores fontes de crescimento econômico do século seguinte.

Mas, para a viabilização dessa fonte de crescimento econômico, era necessária a criação de mecanismos que evitassem que todo o conhecimento gerado permanecesse apenas nos laboratórios de pesquisa. Por definição, o termo "biotecnologia" pressupõe a aplicação de conhecimentos científicos e de engenharia para prover bens e serviços. Uma efetiva aplicação está baseada na existência de empresas competentes – sejam elas grandes empresas tradicionais, sejam pequenas empresas especializadas – capazes de levar os resultados das pesquisas à sociedade.

Para que as inovações tecnológicas possam trazer benefícios para a sociedade, é importante que os diversos atores que se inter-relacionam nesse ambiente – sejam eles investidores, funcionários, clientes, fornecedores, consultores ou os próprios cientistas – tenham a capacidade de reconhecer a existência das diferenças e de aceitá-las. A partir daí, seria possível uma comunicação mais efetiva entre eles, permitindo que as diferenças se complementassem, contribuindo para o desenvolvimento econômico vislumbrado.

Este capítulo tem como objetivo lançar as bases para o entendimento da mentalidade dominante em um ambiente em que ciência e produtividade se encontram. Procura-se, assim, observar as características culturais dos cientistas – figuras de fundamental importância para as empresas de biotecnologia – e, como consequência, a forma com que eles conduzem seus negócios.

A relação entre determinantes culturais e práticas gerenciais pode ser estudada à luz do conceito de "cultura técnica" proposto por Rogério Valle[41]. Tal conceito reconhece a existência de um saber implícito comum aos membros de uma determinada comunidade de comunicação, a partir do qual os sujeitos se orientam em suas ações e decisões. Valle sugeriu dois caminhos para a pesquisa da cultura técnica. O primeiro seria pesquisar os fatores históricos e sociológicos capazes de explicar as características culturais de um determinado grupo, como a história da formação profissional no setor, a origem e as características do empresariado, bem como as formas de desenvolvimento e transferência de tecnologia. O segundo caminho seria observar como a cultura técnica se manifesta através do processo de tomada de decisões técnicas dentro da empresa.

A metodologia utilizada aqui é uma combinação dos dois caminhos sugeridos. Mantendo o foco da pesquisa no universo das empresas, as principais decisões estudadas são aquelas envolvidas na criação de um empreendimento, na formação de equipes e na escolha de mercados e estratégias de atuação. Da mesma forma, fatores como origem dos empreendedores, formação profissional e transferência de tecnologia são pesquisados a partir das experiências individuais dos entrevistados, de forma a dar suporte ao entendimento das decisões tomadas, mesmo que abrindo mão da pesquisa setorial.

A pesquisa de campo foi realizada com oito empresas de biotecnologia brasileiras, em uma época em que *startups* científicas, em particular as biotecnológicas, eram uma novidade no Brasil. Quatro dessas empresas estavam localizadas na cidade do Rio de Janeiro e quatro na cidade de São Paulo. Tais empreendimentos foram selecionados entre aqueles que utilizavam processos bioquímicos em suas atividades produtivas, atuantes em qualquer segmento. Cada uma das empresas representa

---
[41] Valle, 1991.

exemplos de diferentes estágios de maturação e diferentes trajetórias, mas têm em comum *a forte presença de cientistas*.

Foram focalizadas prioritariamente informações qualitativas a respeito de processos de planejamento e gestão, com base em opiniões, procedimentos e comportamentos observados por meio de entrevistas e visitas. De forma a dar suporte à análise dos casos desenvolvidos a partir das informações levantadas nas visitas, pesquisei, em paralelo, a literatura disponível – estudos oficiais e de empresas privadas, publicações acadêmicas, livros e periódicos.

Modelos de formação de empresas de biotecnologia

O objetivo da pesquisa foi identificar um modelo de gestão característico das empresas de biotecnologia. Dada a forte presença de cientistas na criação de empresas desse ramo, é possível assumir que muitos dos padrões de comportamento ali encontrados sejam comuns a outras organizações de base científica. Para melhor compreensão, um dos principais aspectos a serem considerados é a origem de seus fundadores. Com base nas empresas pesquisadas, podem ser identificados pelo menos três modelos básicos de formação de um empreendimento biotecnológico.

- **Cientista como empreendedor**

O primeiro modelo é aquele em que um cientista, ou um grupo deles, resolve criar um negócio próprio. Muitas são as razões que levam cientistas a criar seus próprios negócios: frustração com o sistema de ensino e pesquisa; escassez de verbas; desejo de conduzir suas pesquisas com mais liberdade; ver a aplicação de seus resultados e, principalmente, ter reconhecimento. Dificilmente alegam motivações financeiras.

Após a decisão inicial, os cientistas analisam as possibilidades de transformar seus conhecimentos em produtos ou serviços. Assim, com base em suas competências, são definidos os produtos, os mercados a serem atingidos e a estratégia a ser seguida. Em muitos casos, contudo, as duas últimas etapas não são realizadas racionalmente, ou, pelo menos, não estruturadamente.

Cientista → Decisão de criar negócio próprio → Análise de capacitação → Mercado & estratégia

Cientista como empreendedor

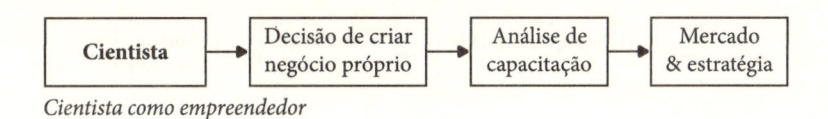

Nesse tipo de empresa, o cientista normalmente é o único empreendedor, não tendo administradores como sócios. Sendo o único executivo um cientista, observa-se o predomínio da área de pesquisa e desenvolvimento sobre as demais funções do negócio. Por isso, há uma certa "paixão pela técnica" presente em todo o processo decisório.

A experiência prévia e a rede de contatos construída pelo cientista em seus anos de formação profissional estão entre os principais fatores para a definição dos caminhos a serem seguidos quanto à tecnologia. As relações formadas na academia são o mais importante canal de informação em ciência e tecnologia. Embora o ambiente científico mundial seja bem monitorado por meio de relações pessoais nas redes de contato acadêmicas, o mercado empresarial tem suas próprias redes, que são, geralmente, pouco acessíveis aos cientistas. Empresas nesse modelo parecem optar, portanto, por mercados mais tradicionais, em que a burocracia e a presença de grandes *players* facilitam o acesso desses estreantes nos negócios. Por isso é comum que atuem predominantemente em órgãos públicos e usem distribuidores como força de vendas. Distante do cliente, a maior parte das inovações em produtos e processos é consequência de ideias surgidas na área de pesquisa e desenvolvimento – coordenada pessoalmente pelo executivo da empresa.

- **Cientista e empresários**

De acordo com o segundo modelo, a formação da empresa ocorre por meio da iniciativa de *empresários* que reconhecem a existência de potenciais impactos da biotecnologia em suas atividades. Normalmente, encontram-se na indústria de alimentos ou na farmacêutica, com grande experiência em produção industrial e comercialização. Ao identificarem um novo nicho de mercado ou uma oportunidade de melhoria em seus processos, partem para a busca de um *cientista* que traga o conhecimento da tecnologia necessária. A estratégia sofre, então, uma adaptação.

Empresário → Verifica oportunidade de melhoria → Necessidade de tecnologia → **Busca cientista** → Adapta estratégia

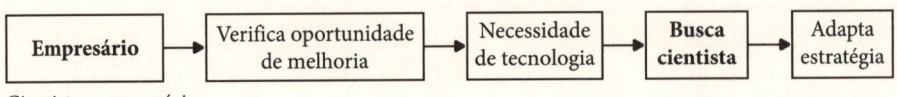

Cientista e empresários

Em empresas com essas características, há a presença de administradores nos níveis hierárquicos superiores, predominando critérios econômicos nas decisões. Mesmo as atividades de pesquisa e desenvolvimento assumem orientação mercadológica. Mais voltadas para o cliente, preferem conduzir pessoalmente a comercialização de seus produtos, deixando um mínimo das vendas sob responsabilidade de distribuidores. Dessa forma, é possível fornecer serviços pré e pós--vendas com garantia da qualidade desses serviços, além de captarem as necessidades do cliente. Para essas empresas, o mercado é a maior fonte de ideias para melhoria de produtos e processos.

Com estilo gerencial mais agressivo, tais empresas buscam mercados mais promissores, além de evitar concentrar suas vendas em órgãos públicos. Apesar de reconhecer as grandes vantagens de lidar com esses clientes – principalmente quanto a volume –, tendem a preferir negociar com a iniciativa privada, que oferece melhores condições de comercialização.

- **Cientista e empreendedores**

O último modelo é aquele em que a criação da empresa é iniciativa de *empreendedores não cientistas*, com algum conhecimento sobre biotecnologia como atividade econômica e que a identificam como uma grande oportunidade de investimento. A ideia decorre, em geral, de informações a respeito dos avanços do setor e das possibilidades de lucro para os investidores divulgadas pela imprensa internacional.

A etapa seguinte é a procura de um cientista para fazer parte da sociedade, representando a fonte de tecnologia. Muitas vezes o cientista escolhido é um amigo ou um parente. O interesse do futuro parceiro traduz-se em um critério de seleção mais importante que o domínio de uma tecnologia específica. É a partir da capacitação técnica assim adquirida que se definem os mercados de atuação e as estratégias.

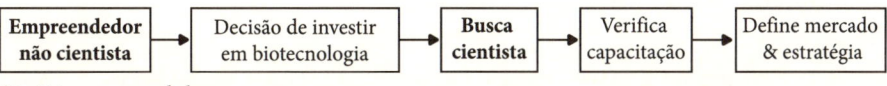

| Empreendedor não cientista | → | Decisão de investir em biotecnologia | → | **Busca cientista** | → | Verifica capacitação | → | Define mercado & estratégia |

Cientista e empreendedores

A decisão nessas empresas é compartilhada entre os cientistas e os empreendedores não cientistas, resultando em um saudável equilíbrio entre as visões tecnológica e comercial. Inovações são geradas a partir da adaptação entre os avanços técnicos e as oportunidades de mercado.

Assim como o modelo anterior, essas empresas também preferem atuar com a iniciativa privada e valorizam sobremaneira os serviços de assistência pré e pós-vendas realizados por seus vendedores técnicos (parcela significativa de seu pessoal).

Cientista: o ponto de convergência

Qualquer que tenha sido o modelo de formação do empreendimento biotecnológico, o cientista exerce forte influência na condução do negócio. Mesmo não estando no centro do poder formal, o cientista é o ponto fundamental para a compreensão da lógica que rege a tomada de decisão dentro dessas empresas.

Seja pela uniformidade do modelo pedagógico em que são formados, seja pelas peculiaridades do ambiente em que vivem, os elos existentes entre os biocientistas muitas vezes chegam a predominar sobre os laços socioculturais e familiares. Mais do que uma categoria profissional, eles formariam uma "pátria existencial"[42], com uma cultura toda própria, capaz de influenciar o desempenho dos empreendimentos dos quais participam.

Novos empreendimentos especializados em biotecnologia ou empresas estabelecidas que passam a absorver as novas tecnologias serão influenciados de formas diferentes – em função da presença do cientista no processo decisório. Contudo, todas essas empresas precisarão,

---
[42] Guattari, 1990.

em algum momento, encontrar mecanismos que façam com que essa influência ocorra de maneira positiva sobre o seu desempenho. Para isso, o primeiro passo é reconhecer peculiaridades culturais presentes no ambiente das empresas de biotecnologia.

- **Existência de uma rede de relações extraprofissionais**

É comum entre as empresas de biotecnologia a contratação de pessoal técnico diretamente na universidade, muitas vezes dentro da própria equipe do cientista empreendedor ou entre os colegas dos cientistas contratados. Se por um lado tal mecanismo é interessante para a formação de um grupo de pesquisa integrado, por outro – e pelo mesmo motivo – é uma fonte de conflitos.

A existência de uma rede de relações extraprofissionais entre os cientistas, surgida em razão da convivência universitária, polariza o poder dentro da empresa a favor da tecnologia, a qual passa a dominar os processos decisórios. Embora predominante nas empresas formadas por cientistas, tais relações não podem ser ignoradas nas empresas tradicionais.

Quando a inadaptação do cientista à função de executivo – ou o estágio de desenvolvimento da empresa – exige a contratação de um administrador, o conflito ganha importância. Além de serem minoria, não há laços tão fortes que unam administradores, tal qual ocorre entre cientistas. Dubinskas, que aborda profundamente a questão, chega à mesma conclusão[43].

Samsom acredita que as empresas reconhecem as diferenças culturais, porém poucas se orientam para estabelecer uma cultura comum capaz de ligar diferentes valores e objetivos[44]. Os casos aqui pesquisados levam a pensar que de fato não há um reconhecimento consciente das diferenças culturais. As pessoas, em geral, são capazes de perceber o conflito, mas dificilmente o endereçam a causas culturais. O importante é notar que as diferenças, uma vez respeitadas, podem ser compatibilizadas. A comunicação seria um ponto central nesse processo.

Se as diferenças relativas à formação profissional tornam o convívio complexo, outras semelhanças deveriam ser buscadas. Uma vez que a equipe técnica é contratada nas melhores universidades, por que não

---

[43] Dubinskas, 1985.
[44] Samsom, 1990.

recrutar administradores e engenheiros nas mesmas fontes? A partir do estabelecimento de uma base sociocultural uniforme dentro da empresa, as chances de uma comunicação efetiva entre seus membros tornam-se maiores.

O respeito pela pessoa seria um primeiro passo para a valorização da função por ela ocupada. Se, por exemplo, um cientista com dificuldade de relacionamento com a área de vendas encontra no lugar do diretor comercial um antigo colega, certamente sua visão da função tenderá a mudar. Possivelmente, após algumas conversas de corredor, ambos passem a visitar seus locais de trabalho, a se interessar pelos assuntos um do outro e até mesmo a se motivar para treinamentos e estágios na área do outro.

- **A busca da realização intelectual**

A realização intelectual é a principal motivação para um cientista, seja ele um pesquisador universitário, um empreendedor ou funcionário de uma empresa industrial. Embora estudos realizados nos Estados Unidos indiquem os ganhos financeiros como um dos principais argumentos para atrair cientistas para as empresas de biotecnologia, o mesmo não foi observado nos casos brasileiros (possivelmente em razão das diferenças culturais entre os dois países).

Ao que parece, o dinheiro seria muito mais um fator "desmotivacional", isto é, a sua falta desmotiva, mas não necessariamente a recíproca seria verdadeira. Tanto é que muitos alegam a falta de recursos nas universidades como motivo para procurar a iniciativa privada, mas nenhum dos entrevistados externou interesse maior pela recompensa financeira.

Talvez essa postura missionária em relação à ciência prejudique de certa forma a sobrevivência da empresa, uma vez que a falta de empenho dificulta a conquista de bons resultados financeiros, principalmente em se tratando de empreendimentos geridos por cientistas. Assim, mesmo para as grandes empresas, o desafio é compatibilizar as aspirações dos cientistas com a necessidade de sobrevivência do negócio.

- **Necessidade de liberdade e autonomia**

Em seu estágio inicial, os negócios da empresa são conduzidos como num laboratório de pesquisas. Uma vez que a produção se restringe a pequenos volumes e a comercialização ocorre, muitas vezes, por contatos do próprio cientista, não há necessidade de uma organização formal. No entanto, a passagem da escala de laboratório para a produção industrial exige mudanças fundamentais.

Nesse momento, a cobrança por resultados se intensifica, e os conhecimentos do cientista não são mais suficientes, surgindo a necessidade de interação com outros profissionais que compartilharão a responsabilidade pelo sucesso do empreendimento. Tanto nas empresas tradicionais como nos novos empreendimentos, há a tendência à organização hierárquica, seja pela estrutura existente nas empresas maduras, seja pelo modelo organizacional em que os gestores são educados.

Empresas fundadas por cientistas – que pareciam funcionar muito bem – começam a ter problemas de toda ordem, inclusive de relacionamento interpessoal. As áreas de pesquisa e desenvolvimento criadas pelas empresas tradicionais que desejavam absorver novas tecnologias não se adaptam ao modo de trabalho existente. Tais situações podem ser evitadas se for reconhecido que cientistas dificilmente se adaptam a ordens e controles característicos de empresas com controle centralizado hierarquicamente. Sendo indivíduos da elite cultural do país, estão acostumados a ter liberdade e autonomia para desenvolver seus trabalhos, o que não aconteceria na maioria das empresas assim organizadas. Além do mais, estar na posição de simples funcionários traria frustração a essas pessoas, principalmente se ainda tivessem que pagar o preço da submissão do intelecto. Cientistas não costumam se adaptar a funções organizacionais em que não tenham autonomia. Por isso, tendem a recusar cargos operacionais em empresas em que precisariam obedecer a ordens de quem, possivelmente, não teria estatura intelectual comparável à sua.

Um modelo de gestão característico

O modelo de gestão encontrado entre as empresas de biotecnologia resulta essencialmente da forte componente científica do negócio. Em uma tecnologia nascente, em que o lançamento de produtos no mercado depende do domínio de fundamentos científicos, a presença do cientista é praticamente inevitável. Contudo, o que a torna mais forte na biotecnologia talvez seja a imprevisibilidade intrínseca à manipulação de organismos vivos, a qual exige do profissional conhecimento científico suficiente para solucionar problemas sem a ajuda de um manual.

Em outras tecnologias – microeletrônica, por exemplo –, o conhecimento pode ser traduzido em procedimentos que um técnico bem treinado coloque em prática. Ao contrário, em se tratando de biotecnologia, "não deveriam ser consideradas especializações em níveis anteriores ao terceiro grau", uma vez que é imprescindível a educação científica[45].

Assim, para que o modelo de gestão aqui apresentado seja útil para facilitar a comunicação entre os diversos atores envolvidos no ambiente das empresas de biotecnologia, é importante que ele seja interpretado como uma manifestação do modo de pensar do biocientista.

Observa-se que a tecnologia é a principal barreira à entrada para os negócios nessa área. Tanto por seu estágio de amadurecimento quanto pelas características inerentes às ciências biológicas, esse tipo de tecnologia não é facilmente adquirido. Mesmo as técnicas tradicionais exigem profissionais que dominem seus fundamentos científicos para que sejam aplicadas com sucesso. Assim, fundadores ou não, os cientistas costumam desempenhar o papel de "fonte de tecnologia" – o que na biotecnologia poderia ser lido também como "fonte de conhecimentos científicos". Embora não seja necessário ser um deles para começar o negócio, normalmente só as pessoas com um certo conhecimento na área são capazes de atrair cientistas para o empreendimento.

Dessa forma, em seus primeiros anos, a empresa define seus produtos, mercados e estratégias com base nas competências de seus cientistas, sejam eles empreendedores ou não. Enquanto é forte a presença do cientista, o foco da empresa concentra-se em pesquisa básica. Conforme ela vai amadurecendo, e outros tipos de profissionais começam a compor seus quadros, tecnologias para aperfeiçoamento de produtos e processos vão ganhando importância.

Mas em qualquer etapa é marcante o contato com a universidade, o qual decorre fundamentalmente do duplo papel muitas vezes desempenhado pelo cientista. Muitos deles continuam suas atividades

---

[45] Anciães; Cassiolato, 1985.

na universidade ou mantêm fortes vínculos com ela, o que facilita a interação com as empresas das quais participam.

A formação científica dos funcionários das empresas de biotecnologia é outro importante fator para a promoção das relações entre elas e a universidade, uma vez que os ex-alunos frequentemente mantêm contato com seus professores e com os colegas que optaram pela vida acadêmica.

O relacionamento com a universidade pode ser muito útil para o estabelecimento de uma nova empresa, não só no que tange à transferência de tecnologia, mas também ao que se refere à utilização de infraestrutura laboratorial. As dificuldades para a construção e manutenção de laboratórios próprios durante os primeiros estágios de um empreendimento levam à necessidade de buscar alternativas. Surge assim a possibilidade de utilização dos laboratórios da universidade, não só para a realização de pesquisas, mas até mesmo para o início da produção.

No início, a utilização dos laboratórios da universidade para as atividades da empresa se dá informalmente, dentro do laboratório em que trabalha o cientista empreendedor, o qual realiza com sua equipe da universidade os testes e experimentos necessários para sua empresa. Nessa fase, o enfoque tende a ser em ciência e em pesquisa básica, consequência provável da forte presença de cientistas na condução dos negócios.

Conforme o negócio vai amadurecendo, ou quando nenhum dos membros da empresa está vinculado à universidade, a relação entre ambas se torna mais formal, seja através de acordos de cooperação para pesquisa conjunta, seja por meio de prestação de serviços ou muitos outros mecanismos. Nesse estágio, vão ganhando importância as tecnologias de produção, visando a melhoria da qualidade e a redução de custos, em paralelo com a pesquisa científica.

Nesse momento, uma fonte de tecnologia que se torna cada vez mais importante é a *joint venture*. Além do intercâmbio de conhecimentos científicos, esse mecanismo promove a transferência de tecnologias de processos e de produtos, de conhecimentos de mercado e de experiências administrativas.

Se por um lado o acompanhamento do progresso tecnológico é uma necessidade para a contínua adaptação de produtos e processos às demandas do mercado, por outro pode ser importante na promoção da imagem da empresa. Algumas já notaram que a publicação de trabalhos técnicos e a participação em eventos da comunidade científica internacional também são instrumentos de marketing institucional, gerando confiança em seus produtos e serviços.

No entanto, apenas a sofisticação tecnológica não é suficiente para assegurar a qualidade de um produto, muito menos dos serviços prestados. Os PhDs devem aprender que os clientes, bem como grande parte dos funcionários, não são PhDs[46], sendo mais importante saber ouvi-los do que demonstrar experimentos científicos.

Nota-se que, em empresas com forte presença de cientistas, qualidade tende a ser um atributo da tecnologia: quanto mais sofisticada, maior o nível de qualidade com que uma empresa trabalharia. Outras, ainda que valorizem os aspectos relativos aos resultados do processo de utilização da tecnologia – qualidade como um atributo do produto –, ainda estão distantes de uma abordagem mais ampla, cujo foco se transfere das especificações do produto para as expectativas do cliente.

Essas empresas ainda se mantêm menos voltadas para a satisfação do cliente do que para sua "paixão pela técnica". Na vida acadêmica, a remuneração do trabalho independe dos resultados alcançados. A ênfase está fundamentalmente no processo de pesquisa, e não na utilização dos produtos gerados. Em consequência, empresas de biotecnologia cujo processo de decisão reside nas mãos de cientistas não costumam estar focadas no cliente. Sua organização e sua postura em relação ao ambiente externo muito se assemelham às dos laboratórios universitários.

Em razão de os cientistas serem provenientes de universidades públicas, há uma certa inércia em relação aos clientes da iniciativa privada. Cientistas costumam dar preferência a órgãos públicos, devido à facilidade de relacionamento, uma vez que ambos apresentam grandes semelhanças culturais.

Nas compras de produtos biotecnológicos no setor público (medicamentos, por exemplo), as expectativas do cliente são muito alinhadas com a visão do cientista. Normalmente, quem toma a decisão quanto à marca do produto a ser comprado são técnicos com formação semelhante, que, portanto, também estão focados na tecnologia. Essa seria

---

[46] Drucker, 1993.

uma razão para a preferência em negociar com órgãos públicos, muito mais pela facilidade de acesso do que pelo volume de vendas esperado.

Os riscos provenientes da supervalorização da tecnologia e da falta de foco no cliente são maiores nas pequenas empresas fundadas por cientistas, porém não deixam de existir nas grandes empresas. Nas primeiras, manifestam-se através da pouca atenção dada às vendas e à assistência técnica, comprometendo diretamente o resultado do negócio. Nas outras, estão ligados à improdutividade ou à falta de objetividade no processo de pesquisa e desenvolvimento, causadas pela pouca atenção dada ao cliente. A incompatibilidade com as necessidades dos clientes pode gerar prejuízos decorrentes tanto do desperdício de recursos quanto da não geração das receitas planejadas.

Em qualquer estágio, a tecnologia é um importante fator para o sucesso do negócio. Entretanto, ela deve ser encarada como um meio que leva a empresa a alcançar seu objetivo fundamental: a satisfação do cliente, que é o responsável pela sobrevivência empresarial.

A complexidade tecnológica pode ser uma barreira à entrada de concorrentes menos capacitados, mas não necessariamente garantirá o sucesso daquele que domina a técnica. Isso dependerá de sua capacidade de aplicá-la efetivamente à atividade-fim da empresa. Nesse sentido, é fundamental que esteja bem claro, tanto para cientistas quanto para financistas, qual é essa atividade-fim. Torna-se, dessa maneira, de grande importância o treinamento multidisciplinar, englobando tecnologia de produção, estratégias competitivas e conhecimentos sobre os aspectos financeiros do negócio.

Reflexões

A seguir são apresentadas algumas reflexões, que podem ser aplicadas a outros setores em que há forte presença de cientistas ou de colaboradores com formação científica.

- **Cientista como empreendedor**

Buscar parceria com quem possa complementar competências. Visto que a maioria dos cientistas carece de habilidades gerenciais – o que se agrava quando os níveis de produção ultrapassam os limites do laboratório –, seria interessante que eles procurassem sócios com experiência na administração de empresas e na produção em escala comercial. Segundo as observações feitas durante a pesquisa para esta obra, profissionais com estilo empreendedor e formação técnica parecem mais indicados para sociedades com cientistas do que costumam ser empresários estabelecidos. O modelo de organização a que estes últimos normalmente estão habituados – hierárquico e burocrático – não se mostra adequado às características culturais de cientistas.

Observar se há compatibilidade entre os objetivos do parceiro potencial e os do cientista. Normalmente, um empreendedor aspira tanto ao retorno financeiro quanto ao crescimento do negócio. Entretanto, é possível que o cientista não tenha aspirações com relação a ser um grande empresário. Muitas vezes, deseja apenas ter um espaço para desenvolver seu trabalho com liberdade, talvez até "pagando" para isso. Tal conflito pode gerar efeitos positivos, caso as diferentes abordagens sejam trabalhadas sinergicamente. Do contrário, pode ser fatal para empresas emergentes.

Focar as atividades relacionadas à real competência e ao interesse da empresa. Em geral, as empresas de biotecnologia nascem do desejo do cientista de colocar em prática seus conhecimentos científico-tecnológicos. Contudo, seus objetivos iniciais podem ser comprometidos pela inabilidade em lidar com outros aspectos importantes para a condução do negócio, como comercialização, por exemplo. Contudo, por que uma empresa de biotecnologia tem que necessariamente fabricar um produto? Há várias alternativas para que a empresa se mantenha voltada para sua vocação. Uma delas – e que muito se aproxima da realidade dos laboratórios de pesquisa – pode ser a prestação de serviços tecnológicos, dos quais um grande usuário seria a indústria química-farmacêutica ou a de alimentos. Uma segunda alternativa seria a parceria com uma empresa – talvez (quem sabe?) formada por engenheiros bioquímicos – que fabricasse os produtos desenvolvidos em seus laboratórios. Muitas outras soluções podem ser criadas a partir da definição da vocação da empresa e da ideia de que existem empresas com vocações complementares dispostas a formar parcerias.

Trabalhar a ideia de que qualidade se relaciona com o atendimento das necessidades do cliente, não sendo um atributo da tecnologia. Embora em alguns mercados a tecnologia seja uma das expectativas do cliente, em outros, mais refratários a inovações, a sofisticação tecnológica pode ser encarada como arrogância. Como já foi dito anteriormente, nem sempre os clientes são PhDs.

Lembrar que, ao contrário da universidade, na iniciativa privada o trabalho é remunerado pelo cliente. O desempenho na aplicação do conhecimento vale mais que o conhecimento em si. Além do risco de perda de participação no mercado, o fracasso em reconhecer a importância do cliente pode comprometer não só a imagem da empresa como também a do cientista que a fundou.

Considerar a iniciativa privada como um importante mercado, além dos órgãos públicos. Embora por vezes doloroso, o contato com um ambiente cultural distinto pode ser lucrativo, tanto por seu aspecto comercial quanto pela oportunidade de aprendizado. A lição aprendida nessa experiência – quebrar barreiras culturais e promover a comunicação – também pode ser muito útil se aplicada dentro da própria empresa.

Notar que, para que sejam bem-sucedidos, tecnologias e produtos inovadores demandam uma eficiente estrutura de marketing e comercialização. Os cientistas voltam-se para as novidades tecnológicas e são atraídos pela possibilidade de invenção de produtos revolucionários. Contudo, suas empresas apresentam dificuldades de produzir e comercializar os produtos mais banais. Para o sucesso das empresas de biotecnologia, é necessário que esse paradoxo seja solucionado, o que passa por tentar controlar a "paixão pela técnica", de maneira a formar as bases para sustentar a sofisticação.

- **Cientista e empresários**

Desenvolver uma estrutura fluida, capaz de criar um ambiente propício ao trabalho intelectual e à criatividade. Uma vez que processos biotecnológicos envolvem muitas micro e mesodecisões não burocratizáveis, as empresas de biotecnologia passam a depender não só dos conhecimentos e das competências de seus técnicos e cientistas, mas também de "seu estado de espírito". A satisfação profissional e pessoal (muitas vezes inseparáveis) desses profissionais costuma ter impacto direto no desempenho do negócio.

Assim, é importante observar suas peculiaridades culturais e, a partir daí, desenvolver uma estrutura compatível.

Percebe-se que cientistas não se adaptam a estruturas autoritárias, dificilmente aceitando a posição de funcionários comuns. Seja por determinantes socioculturais, seja pelas características intrínsecas à sua atividade, esses profissionais prezam a individualidade, a autonomia e o *status* intelectual. Obrigá-los a se sujeitar a uma organização taylorista é ignorar o papel dos cientistas nesse tipo de empresa.

Criar mecanismos que permitam o equilíbrio de poderes entre pesquisa e desenvolvimento, produção, finanças e comercialização, bem como a ação conjunta. Para isso é fundamental a comunicação entre as diversas áreas, que pode ser estimulada por meio de iniciativas, como:
- Buscar formas de organização não hierárquicas.
- Contratar executivos com formação técnica. Em setores com maior dificuldade para a produção em escala comercial, seria interessante o perfil de engenheiro químico ou engenheiro de produção, principalmente.
- Buscar técnicos e administradores formados nas mesmas universidades, para que tenham algum vínculo que os aproxime, apesar das diferenças.

- **Cientista e empreendedores**

Observar se o cientista identificado como parceiro em potencial possui objetivos compatíveis com os dos empreendedores. Muitas vezes o cientista busca apenas um espaço onde possa se realizar. Essa pode ser a causa de inúmeros conflitos e frustrações quando ele se une a sócios capitalistas ou a empreendedores que queiram ver o negócio crescer. Se por um lado é necessário que os potenciais sócios (principalmente o dono da ideia) reconheçam suas próprias motivações e estabeleçam suas metas objetivamente, por outro, cada um deles deve procurar entender a posição do outro e só entrar no negócio se as metas forem compatíveis, não necessariamente iguais.

Identificar a competência da nova empresa, com base na análise das respectivas competências do cientista e do empreendedor. Tendo sido alcançado o consenso quanto à compatibilidade dos objetivos individuais de cada parceiro, o segundo passo seria definir o negócio. Para isso é necessário identificar o que o grupo é capaz de fazer, ou seja, qual a área de influência resultante da complementaridade dos conhecimentos e habilidades de cada um.

Atentar para o fato de que o cientista tem a tendência a encarar qualidade como um atributo da tecnologia, deixando em segundo plano o atendimento ao cliente. O empreendedor deve envolver os clientes no processo de pesquisa e desenvolvimento de novos produtos e processos, de forma a evitar que as decisões sejam tomadas unicamente segundo a lógica do cientista.

Criar mecanismos para transferir tecnologia do cientista para a empresa. Segundo esse modelo de formação, a origem do empreendimento está baseada nos conhecimentos técnicos específicos de um cientista. Dessa forma, a sobrevivência da empresa torna-se dependente da permanência dele.

Montar equipe multidisciplinar capaz de complementar as competências dos fundadores, resolvendo problemas do dia a dia, buscando novas alternativas de negócio e novas fontes de tecnologia. Dessa forma, torna-se factível a perpetuação da empresa, independentemente da participação direta dos fundadores.

Praticamente todos os aspectos importantes para a sobrevivência da maioria dos negócios também o são para empresas de biotecnologia. Entretanto, devido a fatores como a *existência de uma cultura voltada para a técnica*, a *intelectualização dos recursos humanos* e a *dificuldade de comunicação*, essas empresas exigem maior habilidade gerencial. Por outro lado, esses três fatores que desafiam as empresas lideradas por cientistas também são parte da realidade de muitas outras organizações contemporâneas. Até que ponto a habilidade gerencial de gestores profissionais é capaz de enfrentá-los? Como a ideia de gerir como cientista pode inspirar a renovação dos modelos de gestão? É possível tirar proveito da ciência para melhor gerenciar os negócios?

5

AFINAL, CIÊNCIA PARA QUÊ?

A modernidade representa uma ruptura na história ocidental. Ao colocar o ser humano no centro do universo, a razão assumiu um papel crucial na compreensão da realidade. Assim, o método científico, baseado na observação objetiva e na experimentação, transformou o que acreditamos ser a melhor forma de tomar decisões. Tendo deslocado a tradição e a religião como fontes legítimas de saber, a ciência tornou-se a principal fonte de conteúdo. No entanto, ao disciplinar os conteúdos (estabelecer fronteiras entre disciplinas do conhecimento), isolando-os em refúgios só habitados por especialistas ou iniciados, a ciência acabou por introduzir a incerteza. Hoje os indivíduos fazem escolhas com base em informações científicas conflitantes, até mesmo em situações triviais, como na hora de optar entre azeite e manteiga. Ao mesmo tempo, somos levados a acreditar que apenas os especialistas em ciências são autorizados a usar a razão. A autonomia científica do homem comum foi abafada. Tornou-se ilegítima. Sentimo-nos desorientados, pois a ciência – a grande autoridade da modernidade – não é mais capaz de nos dar as certezas que esperávamos.

Então, joga-se a ciência fora?

Apesar de uma certa arrogância que se instalou com a profissionalização da ciência, ela ainda é a fonte de lucidez para agirmos no mundo real. Por isso, é preciso resgatar o prazer da compreensão e permitir que qualquer pessoa o sinta. Devemos lembrar o caráter coletivo e cumulativo do empreendimento científico. Portanto, quanto mais indivíduos estiverem expostos às descobertas e aos conhecimentos trazidos por quem faz ciência, maiores as chances de as pesquisas oferecerem benefícios tangíveis para todos.

Do ponto de vista sistêmico, a difusão mais ampla dos saberes e a exploração de suas múltiplas relações aceleram o processo de geração de conhecimentos, aumentando a diversidade destes e enriquecendo os mecanismos de seleção. Do ponto de vista individual, a democratização da ciência introduz pessoas "de carne e osso" em um debate geralmente restrito aos especialistas. Tal inclusão favorece sua capacidade reflexiva e de discernimento, com efeitos imediatos sobre suas escolhas.

Se concebermos a divulgação científica como algo que estimule conexões entre indivíduos em diferentes disciplinas e atividades, podemos ter esperança de que a ciência promova uma melhor capacidade de discernimento nos nossos momentos de escolha. Afinal, para que serviria a ciência se não fosse para nos libertar... a todos nós, inclusive os gestores?

A teoria da complexidade nasce das entranhas da "modernidade reflexiva". Ela mesma vem sendo apropriada por leigos e acadêmicos de diversas áreas, reforçando o caráter reflexivo do ambiente do qual emerge, bem como influenciando transformações na forma de ver o mundo nas mais diversas escalas de observação. Por que, então, a gestão de organizações seria uma exceção?

Neste livro, procurei chamar a atenção para esse novo referencial teórico, o qual oferece bons modelos para compreendermos a dinâmica das organizações e a relação que ela tem com a dinâmica da sociedade. A complexidade mostra-se, assim, como uma fonte de inspiração para o desenvolvimento de abordagens gerenciais renovadas – mais adequadas à realidade de nosso tempo. O modelo de gestão que eu sugiro aqui é apenas um exemplo de como tal perspectiva pode ser traduzida para a dimensão das relações organizacionais, cujo intuito é promover organizações mais eficazes e mais aptas a responder às pressões a que estão sujeitas.

Contudo, essa renovação da gestão exige que reconheçamos a profunda mudança que vem ocorrendo na sociedade com o aumento do fluxo de informações, do grau de escolaridade da população e da interdependência em todas as escalas. Portanto, uma questão mais profunda perpassa a busca por uma "nova gestão", que seja compatível com a "nova classe média" que emerge nesses tempos reflexivos. *A quem servem as organizações?* Essa é a pergunta que não pode calar.

GLOSSÁRIO

Autonomia – capacidade que um indivíduo possui de orientar suas ações em função de sua própria capacidade de julgar o que percebe a seu redor.

Auto-organização – propriedade de um sistema de exibir comportamentos ordenados espontaneamente, a partir das interações de seus elementos, sem intervenção externa.

Complexidade – relaciona-se à medida do grau de interdependência entre os componentes do sistema.

Emergência – fenômeno que ocorre quando as ações dos componentes individuais, seguindo apenas regras simples e locais, se combinam, gerando comportamentos sofisticados nos níveis superiores do sistema.

Escala – relaciona-se à medida do número de componentes do sistema.

Feedback negativo – diz respeito a situações em que o comportamento do sistema tende a uma meta, em decorrência de mecanismos corretivos inerentes ao próprio sistema.

Feedback positivo – refere-se a uma dinâmica de reforço, a qual resulta de processos cumulativos, que reforçam a tendência existente.

Gestão da Qualidade Total – sistema de gestão inspirado na experiência japonesa do pós-guerra e muito influente no Brasil a partir da década de 1990.

Isomorfismo – significa "forma similar". Na teoria de sistemas, o termo é usado quando sistemas diferentes podem ser representados por modelos semelhantes.

Modelização ou modelagem – arte de construir modelo, isto é, uma representação da realidade estudada.

Modernidade reflexiva – expressão proposta pelos sociólogos Ulrich Beck, Anthony Giddens e Scott Lash para se referir a essa fase avançada da modernidade em que a informação e o conhecimento são regularmente usados na organização e na transformação das circunstâncias da vida social.

Pontos de alavancagem – fatores em que pequenas ações podem resultar em grandes efeitos. O reconhecimento desses fatores pode facilitar a solução de problemas complexos.

Racionalidade limitada – expressão cunhada por Herbert Simon, ganhador do Nobel de Economia de 1978, para se referir ao fato de que há limite na capacidade humana para reter e processar informações, o que impossibilita a tomada de decisões ótimas.

Relações lineares – podem ser representadas graficamente como uma linha reta. Uma mudança em uma variável corresponde a uma mudança proporcional em outra. Costuma-se dizer que o comportamento de um sistema linear (em que as relações entre os componentes são lineares) é igual à soma dos comportamentos das partes.

Sistema – conjunto de elementos que se relacionam entre si e com o meio, exibindo uma certa coerência.

Sistemas abertos – sistemas que trocam energia, matéria e/ou informação com o ambiente.

Sistemas complexos adaptativos – categoria de s*istemas complexos não lineares* que são capazes de mudar para se adaptar às mudanças do ambiente, podendo, inclusive, modificar o ambiente a seu favor. Inclui os seres vivos e as organizações sociais de todos os tipos, tais como clubes, empresas, cidades e até civilizações.

Sistemas complexos não lineares – sistemas cujo comportamento global é qualitativamente diferente do comportamento das partes em razão das *interações* entre elas. Tais interações conferem efeito multiplicador, resultando em um comportamento para o todo que não pode ser representado por uma função linear – equação da reta –, mas sim por equações não lineares.

Trabalhadores intelectualizados – termo usado para diferenciar esses trabalhadores daqueles que executam tarefas repetitivas, manuais ou administrativas.

Trabalhadores reflexivos – aqueles capazes de se automonitorar e, portanto, reformular e recombinar regras e recursos de infinitas maneiras, contribuindo no processo de inovação da empresa.

REFERÊNCIAS BIBLIOGRÁFICAS

Agostinho, M. *Complexidade e organizações: em busca da gestão autônoma.* São Paulo: Atlas, 2003.

Agostinho, M. Administrando reflexivamente: organização do trabalho pela lente da complexidade. XXV ENEGEP, Porto Alegre, 2005.

Agostinho, M. Da Bancada para o balcão: como cientistas conduzem seus negócios. XIX Simpósio de Gestão da Inovação Tecnológica, São Paulo, 1996.

Anciães, W.; Cassiolato, J. E. *Biotecnologia e seus impactos no setor industrial.* Brasília: CNPq, 1985.

Axelrod, Robert. *The evolution of cooperation.* Penguin Books, 1984.

Bak, P. *How nature works: the science of self-organized criticality.* New York: Copernicus, 1996.

Bar-Yam, Yaneer. *Making things work.* NECSI Knowledge, 2005.

Bauman, Z. *Comunidade: a busca por segurança no mundo atual.* Rio de Janeiro: Jorge Zahar, 2003.

Beck, U.; Giddens, A.; Lash, S. *Reflexive modernization.* Cambridge: Polity Press, 1995.

Beer, Stafford. *Decision and control*. John Wiley Pro, 1994.

Darwin, Charles. *A origem das espécies*. Itatiaia Editora, 2002.

Dawkins, Richard. *O relojoeiro cego*. Companhia das Letras, 2001.

Deci, E.; Flaste, R. *Por que fazemos o que fazemos: entendendo a automotivação*, São Paulo: Negócio, 1998.

Drucker, P. F. Corporations once built to last like pyramid are now more like tents... you can't design your life around a temporary organization. *Harvard Business Review*, May/June 1993.

Dubinskas, F. The culture chasm: scientists and managers in genetic-engineering firms. *Technology Review*, v. 88, May/June 1985.

Elias, N. *A sociedade dos indivíduos*. Rio de Janeiro: Jorge Zahar, 1994.

Garvin, D. A. *Building a learning organization*. *Harvard Business Review*, July/August 1993.

Gell-Mann, M. *The quark and the jaguar*. Rocco, 1996.

Giddens, A. *Modernidade e identidade*. Rio de Janeiro: Jorge Zahar, 2002.

Guattari, F. *As três ecologias*. Papirus, 1990.

Hayes, R.; Wheelwright, S.; Clark, K. *Dynamic manufacturing: creating the learning organization*. The Free Press, 1988.

Holland, John. *Emergence: from chaos to order*. Perseus Books, 1998.

Kaufmann, Stuart. *The origins of order*. Oxford USA Trade, 1993.

Kluger, Jeffrey. *Simplexity*. Hyperion, 2008.

Lash, S. Reflexivity and its doubles: structure, aesthetics, community. In: Beck, U.; Giddens, A.; Lash, S. *Reflexive modernization*. Cambridge: Polity Press, 1995.

Morin, E. *Ciência com consciência*. Rio de Janeiro: Bertrand Brasil, 1996.

Porter, M. E. *Vantagem competitiva*. Editora Campus, 1989.

Prigogine, Ilya. *O fim das certezas*. UNESP, 1997.

Samsom, K. *Scientists as entrepreneurs: organizational performance in scientist-started new ventures*. Kluwer Academic Publishers, 1990.

Simon, H. *Administrative behavior*. New York: Free Press, 1976.

Simon, H. A.; March, J. G. *Organizations*. 1958.

Simon, Herbert. *Science of artificial*. MIT Press, 1996.

Taylor, F. *Princípios de administração científica*, São Paulo: Atlas, 1992.

Urry, J.; Lash, S. *The end of organized capitalism*. Cambridge: Polity Press, 1987.

Valle, R. Automação e racionalidade técnica. *Revista Brasileira de Ciências Sociais*, n. 17, ano 6, out. 1991.

Von Bertalanffy, Ludwig. *Teoria Geral dos Sistemas*. Vozes, 2008.

Waldrop, Michael. *Complexity*. Penguin Books, 1992.

Wiener, Norbert. *Cibernética e sociedade*. Cultrix, 1993.

MATRIX